エビデンスに基づく
自治体政策入門

ロジックモデルの作り方・活かし方

佐藤　徹　編著

KOSHOKUKEN 公職研

はじめに

近頃、“EBPM”という言葉をよく耳にするようになりました。しかし、EBPMはまったく新しい考え方ではありません。EBPMは、Evidence-Based Policy Makingの略称で、直訳すると、「エビデンスに基づく政策立案」です。

この「エビデンス」についてはさまざまな解釈がありますが、EBPMでは個人的な経験や勘、固定観念や先入観、エピソードや慣例などにとらわれるのではなく、データや科学的な証拠に基づいて政策決定を行おうとするものです。EBPMは英国や米国が先行していますが、近年、わが国においても推進されています。

それでは、EBPMをどのように進めていけばよいのでしょうか。「中心市街地の活性化」という施策を例にとって考えてみましょう。

まずは、この施策が「現在、どのような状態にあるのか」や「将来、どのような状態を目指すのか」を明らかにしておく必要があります。その上でそれらの状態を測定するためのアウトカム指標の設定とデータの収集・調査が不可欠です。さらに、ある事業を行うことによって「中心市街地の活性化」を図ろうとする場合、その事業の実施によってどの程度の効果があったのかをデータで検証します。その結果から得られたエビデンスをもとに政策の立案や評価を行います。

このとき、「その事業を実施した結果、中心市街地が活性化されている」という因果関係に関する「仮説」が存在するはずです。これは、どのような政策にも当てはまることです。政策には、資源の投入（インプット）から期待される最終的な成果（アウトカム）が発現するまでの因果関係、言い換えれば、政策の目的とその実現手段との間の論理的関係が想定されています。これをわかりやすく図式化・可視化したものが、本書の主題である「ロジックモデル」（Logic Model）です。したがって、EBPMの前提として、政策のロジックモデルを明らかにしておくことが重要だとされています。

ロジックモデル活用の基本的な考え方としては、まず政策の立案段階でロジックモデルを作成しておきます。その後、政策の実施段階や終了段階において、ロジックモデルで描いた仮説どおりになったかどうかを検証します。仮説どおりにうまくいった場合もいかなかった場合も、なぜそのような結果になったのかを要因分析し、その改善策を政策の立案や修正に活かします。これにより、政策の品質を高め、住民福祉の増進を図るわけです。

もっとも、仮説を検証するためには、その裏付けとなるデータを適切に収集・調査し、それらを統計的手法により分析し、その結果を正しく解釈する必要があります。それゆえに、EBPMにおける議論では、政策効果の検証に用いられる統計分析手法やランダム化比較試験（RCT）などの技術面、またそれらを使いこなせる人材の養成に視線が注がれがちです。もちろん、これらは大変重要です（この点については、機会があれば、本書の続編に委ねることにしたいと思います)。

しかしながら、実際に行政組織においてEBPMを進めようとするとき、それ以上に大きな問題があります。それは、行政現場における思考パターンや組織文化が、EBPMがめざすものとは大きく異なっていることです。そのような状況下で、いくらトップダウンで組織的にEBPM（ロジックモデルを含む）の導入・普及を推進しても、うまくいくはずがありません。あわせて、1990年代半ば以降、多くの自治体では行政評価制度の導入・運用が進められてきましたが、そこでもさまざまな課題が指摘されています。総合計画についても同様です。ですから、このような行政の実態を踏まえた上で、いかにEBPMやロジックモデルに向き合うべきかを考える必要があります。

ロジックモデルが政策効果の検証に必要なツールであること以外にも、自治体政策にとって有用である理由があります。関係者たちと実際にロジックモデルを作成・活用してみるとわかるのですが、そこには気づきや学習の機会、コミュニケーションとしての機能、適切なアウトカム指標の設定など、政策形成に欠かせないさまざまな要素が内包されています。

とは言え、ロジックモデルを作成するのは意外と難しいものです。また、ロジックモデルがいくら仮説であるからと言っても、現実味のないファンタジーや絵空事であっては無意味です。やはり、ロジックモデルに関する正しい理論と実践的なトレーニングを積み重ねることが必要となります。

以上のような問題認識のもと、本書は自治体政策に関するロジックモデルの入門書としてまとめ上げたものであり、この種の書籍としてはおそらく本邦初と思われます。学術的で難解な記述をできる限り避け、ロジックモデルの作成・活用の基礎をわかりやすく解説することを心掛けました。また本書で紹介したロジックモデルに関するワークシートがダウンロードできます。

執筆者については、ロジックモデルをテーマに開催された自治体政策経営研究会（筆者が主宰する自治体職員との勉強会。URLは巻末の執筆者紹介を参照）のゲストスピーカーを中心に人選しました。いずれも研究者や自治体職員としてロジックモデルの研究や実践に関わってこられた方々です。

本書が想定する主な読者層は自治体職員です。首長や上司から「EBPMやロジックモデルについて検討せよ」と指示された職員、「EBPMを推進したい」と思う職員、財政部門から「エビデンスを示せ」と求められた事業担当部門の職員、議員から「その政策の根拠は何か」と質問された職員、既存の計画策定や行政評価の方法に疑問を持っている職員の方々にはぜひお読みいただきたいと思います。また、自治体職員だけでなく、議会議員、公共政策や地方自治を学ぶ大学生・大学院生にもお読みいただければ幸甚です。

なお、本書はさまざまな知見の集積です。さらに深く学びたい方々のために、「文献ガイド」を巻末に付けてあります。ご活用ください。

最後になりますが、本書の出版を快く引き受けていただくともに、新型コロナウイルスが世界を席巻する中で、連日のようにオンラインで意見交換しながら完成まで導いてくださった公職研編集部の友岡一郎編集長に深く感謝申し上げます。また、ケーススタディの執筆では月村尚也氏（習志野市職員）と藤田大輔氏（豊岡市職員）にもご協力いただきました。ここに記して感謝申し上げます。

本書が、自治体政策や自治体経営に関わる方々のロジックモデルに関する理解を深め、ロジックモデルの作成や活用の一助となることを願ってやみません。

2021年１月

佐藤　徹

目　次

第2章　ロジックモデルを作ってみよう

本書で紹介したロジックモデルに関するワークシートは、下記のそれぞれのウェブサイトからダウンロードできます（読者特典）。

・公職研
https://www.koshokuken.co.jp/publication/autonomy/20201106-551/

・佐藤徹研究室
https://tsato26.wixsite.com/policy-blog/ebpm

・パスワード（共通）
evidence2021（半角）

※本サービスは予告なく変更ないし停止する場合があります。予めご了承ください。

公職研の
QRコード

佐藤徹研究室の
QRコード

序章

政策立案・政策評価のあるある

→→→→→→→→→→→→→→→→→→→→→→→→→→→→→→→→

1．前例踏襲・横並びの政策形成
2．「はじめに事業ありき」の発想
3．総合計画がほとんど見向きもされない
4．行政評価がマンネリ化・形骸化している
5．行政評価に「やらされ感」「負担感」が漂っている
6．おかしな成果指標（アウトカム指標）が設定されている
7．あまり知られていない目標値の設定根拠
8．掛け声だけのPDCA

言うまでもなく、自治体職員には住民の福祉の増進を図るため、日々、政策を考え、実行、評価していくことが求められています。とりわけ、昨今、政策の立案や評価においては、エビデンスに基づく政策形成（Evidence-Based Policy Making：EBPM）が叫ばれるようになっています。

EBPMの具体的内容やその処方箋については本論に委ねることにして、本章では、政策立案・政策評価に関して、思わず「あるある！」と叫びたくなるような、どの自治体にも共通するであろうリアルな問題をまとめてみました。なぜ自治体にもEBPMが必要なのか、その意義や背景を探ってみましょう。

1　前例踏襲・横並びの政策形成

もし、あなたが何らかの政策（条例、計画、制度、事業、サービス等）について、それを立案・実施するかどうかも含めて検討するとき、最初に何を行いますか。

国の動向を調べますか、住民の声に耳を傾けますか、専門家や有識者の知見に学びますか、それともコンサルタントに委託しますか。それよりもまずは、前例（過去に採用していた事例・方法）があるかどうかを確認する人も多いはずです。前例があれば安心感がありますし、参考となる情報が得られやすいからです。また、前例に倣えばゼロから検討しなくてもよいため、作業量が比較的小さくて済みます。もっとも、「前例に倣う」と言っても単純に前例を模倣するわけでなく、必要に応じて修正することでしょう。まさに**増分主義（Incrementalism）**です。

このことは**行政の継続性・安定性**と言えば聞こえはよいのですが、微々たる変化しか許容しない保守的な組織にありがちです。また「行政は過ちを犯さない」「行政は過ちを犯してはならない」という**行政の無謬性**を払拭できないでいます。ですから、ややもすると現状肯定、現状維持になりがちです。過去の決定や経験が足かせになって、簡単には方向転換できなくなるといった**経路依存性（Path Dependency）**が強く作用しているとも言えます。

先進自治体の事例を参考にするというのも、あるあるです。インターネットや口コミを頼りにしたり、実際に照会したりして得られた情報や動向を参考にしながら、実施の可否を含めた政策案を検討します。

このようにして、先進自治体の政策を後発自治体が参照し、それをさらに別の後発自治体が参照するというように政策の**相互参照**が行われ、当該政策が全国的に普及していきます。このような自治体間の**横並び意識**を背景とした**相互参照（Mutual Referencing）**と**政策波及（Policy Diffusion）**には、自治体全体の底上げ効果もあるでしょう。一方、先進自治体の事例が他の自治体へと拡大していき、やがてそれが大勢を制するようになると、「わが自治体も追随すべし」という同調圧力が生まれてきます。そうなると、先進自治体の事例を取り入れること自体が目的化し、問題の本質を見失いかねません。

以上のように、前例踏襲や横並びによる政策形成は作業効率が比較的高く、行政組織の特質にも合致しているため、受け入れやすいものです。ただし、前例踏襲や横並びだけでは、過去と比べて代わり映えしない政策になってしまったり、他の自治体の政策と類似してしまったりしがちです。しかも、変化の目まぐるしい昨今にあっては、前例（他自治体の先進事例も前例の１つです）が通用しない事態も増えつつあります。

言ってみれば、政策形成の視点が、過去を参照する**第１の軸（前例踏襲）**や、現在の先進事例を参照する**第２の軸（横並び）**に頼りすぎ、将来あるべき姿から逆算して現在何をすべきかを構想したり、現在の行為が将来に対してどのような結果や影響を及ぼしていくかを推論したりする**第３の軸（「戦略的思考」または「仮説的思考」）**が欠如してしまっています（**図表序－１**）。

図表序－１　政策形成における３つの軸

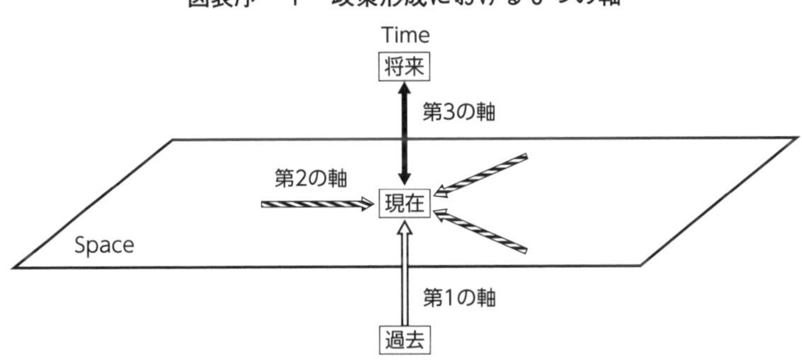

2 「はじめに事業ありき」の発想

「政策」を定義せよ、と言われたら、あなたは何と答えますか。

政策の定義（広義）に関しては諸説ありますが、「政策」とは公共的問題を解決するための手段や方策のことを指します。この点につき、実務にどっぷり漬かっていると、ついつい見落としがちなものです。

役所に入庁したら、初めに任される仕事は事業です。いきなり政策（狭義）や施策を任されるわけではありません。また、予算査定も人事異動に伴う引継ぎも事業の単位で行われます。

ですが、事業には実現すべき目的があります。事業そのものが目的にはなりません。ところが、往々にして事業の目的が見失われがちであったり、いつのまにかどこかへ忘れ去られていたりします。「事業」ばかりに目を奪われて、事業の「目的」に思いを巡らせることが稀だからです。そして、やがて**「はじめに事業ありき」**の発想から、抜け出せなくなります。国からの補助金がつくとか、前例があるとか、地域団体からの陳情があるなどの理由だけで、事業を計画したり実施したりしてしまいます。

事業を行うことが目的化していませんか。結果にコミットしていますか。

3 総合計画がほとんど見向きもされない

自治体では「計画のインフレ」状態にあると言われるほど、実に多種多様な計画があふれています。中でも総合計画は、まちづくりや行政運営の基本指針となるもので、自治体計画の最上位に位置づけられます。また、総合計画は基本構想－基本計画－実施計画というように、長期・中期・短期の3階層の計画で構成されることが標準的です。特に市町村では、1969（昭和44）年の地方自治法改正で基本構想の策定が義務付けられたことから、長年にわたり総合計画を策定し続けてきました。2011（平成23）年には同法が改正され、議会での議決を含め基本構想を策定するか否かは市町村が判断することになりましたが、今なお大半の団体が総合計画の策定を続けています。

しかし、その内実はやや趣を異にしています。一般的に総合計画は自治体職員が案を作り、住民参加や審議会などの手続きを経て成案化します。特に基本構想から実施計画までをフルモデルチェンジする場合には、かなりの時間とコストと労力が注ぎ込まれます。すべての策定作業を自前で行う場合もありますが、民間のシンクタンク等に委託して数年間かけて基礎調査やアンケート調査を行ったり、庁内に実務担当者からなる策定プロジェクトチームを立ち上げたりすることも珍しくありません。それなのに、策定後は時間の経過とともに計画の存在感が希薄になっていきます。

ある自治体で、総合計画の意義や手法について講演したときのこと。大勢の課長クラスの方々が聴きに来られていたので、こんな質問をしてみました。「あなたが担当している施策が総合計画にどんなふうに書かれているかを言える人、手を挙げてもらえませんか」と。謙虚な方々が多かったせいかもしれませんが、ほとんど誰も手を挙げませんでした。

後でこっそり理由を聞いてみたところ、それは前の市長が作った総合計画だから顧みられていない、誰も見向きもしないということでした。「それでいいのか、いやそんなことないだろう」と考えているのは、総合計画を所管する企画部門の職員くらいです（これはほんの一例に過ぎませんが、他の自治体の管理職研修でも同じ質問をすることが多いのですが、大差ありません）。その企画部門の職員でさえも、企画へ異動になってはじめて総合計画を見たという職員も少なくありません。

総合計画に対する自治体職員の認識でさえ、このような状況ですから、総合計画が住民にとって身近な計画だとは言い難いでしょう。つまり、総合計画に掲げられた基本理念やまちづくりの目標が住民との間で共有化されていないわけです。また、総合計画に関して関心を持ち、議会や委員会で質問する議員もほんの一握りの、いつも同じ顔ぶれだったりします。

ではどうしてこのような状況になるかと言えば、総合計画の作り方に重大な問題があるからです。前例踏襲・横並びの策定手法に加え、企画部門が作成した案を担当課に照会し成案化するため、計画に関与する職員がかなり限られていることや、そうした計画の策定経過を知らないがゆえに、総合計画を意識して日々業務を遂行できていない職員も少なくありません。問題点を挙げればキリがありませんが、結果的に総合計画に掲げた政策目標を職員があまり意識していなかったり、予算編成過程において総合計画に基づく政策論議が低調であったりという状況を作り出しています。

人口減少と少子高齢化が深刻化・拡大化し、社会がますます複雑化する中で、長期的視点に立った総合計画の重要性が増しています。しかし、現状では総合計画の参照頻度はさほど高くはありません。

4 行政評価がマンネリ化・形骸化している

行政評価では、１つの施策や事務事業等につきＡ４判で数ページの評価シートが用いられます。たとえば、事務事業評価シートには、まず事務事業の基本情報として「目的」「対象」「法的根拠」「事業内容」等を記載する欄があり、続いて各種の評価指標による定量的評価と、「必要性」「緊急性」「住民ニーズ」などの定性的評価を踏まえて、当該事業の「継続」「廃止」などの方向性を総合的に判定するようになっています。

それゆえ、評価の初年度は白紙のシートの記入欄をすべて埋めなければなりません。このとき、「事業の目的や成果が何であるか」「そもそもこの事業は必要か」といった根本命題を避けて通れませんから、おのずと職場内での議論がなされ、職員の意識改革にも一定の効果があったものと考えられます。

しかし、２年目以降は評価指標をはじめとした各種項目が前年度にほとんど記入済みであるため、基本的には更新が必要な情報のみを加筆すれば足りてしまいます。それでも、評価シートに記載された目標値（数値目標）が妥当かどうかなどの議論があってしかるべきですが、そうした職場での政策議論もほとんどないまま、一部の職員が評価シート案を作成しがちです。そして、通常の行政文書と同じく組織内での決裁を経て、期限までに評価担当部局へ提出すればよいことになります。こうして、評価シートの作成があたかも評価担当部局からの照会文書と化し、評価シートの作成自体が目的化してしまいます。しかも、評価対象のほとんどが継続事業で、毎年度同じ事業を事後的に評価するわけですから、マンネリ化しがちです。

5 行政評価に「やらされ感」「負担感」が漂っている

制度として定着した行政評価ですが、「原課職員の間には行政評価に対するやらされ感がある」「作業の負担感が大きい」「評価疲れを起こしている」などとしばしば指摘されます。

もっとも、これらの真偽は定かではありません。前述のとおり、評価シートの作成は概ね単純作業化しており、職員の間に評価疲れが生じるほど、原課に過大な負担を強いているとも考えられないからです。

しかしながら、行政評価において原課職員が少しでも「やらされ感」や「負担感」を感じているとすれば、やはりそれなりの要因があるはずです。たとえば、何のために評価する必要があるのかわからない、そもそも評価が何の役に立つのかが理解されていないとしたら、どうでしょうか。そのような場合、評価を「本来業務ではない」「余計な仕事」と思う原課職員がいても不思議ではありません。また、評価結果や評価情報が予算編成や計画策定などの意思決定過程でどのように活かされるかが不透明ならば、積極的に評価を行おうという気にもなれません。

総務省では2000年代初頭から全国の都道府県・市区町村を対象に行政評価の取組状況について調査しています。それによれば、行政評価を実施している自治体の約８割が「行政評価事務の効率化」を課題としています。

行政評価に関する講演会での出来事。終了後に、受講されていた某自治体の評価担当者の方が私のところへつかつかと来られて、「佐藤先生、うちの自治体では去年まで１つの事業をＡ４判の３ページのシートで評価していたのですが、職員の負担を考慮して、今年から２ページにしました」と誇らしげにおっしゃるのです。たしかに、評価シートのページ数を減らせば、職員の負担が減るかもしれませんが、単純にページ数を減らせばよいという問題でもありません。むしろ、多少の負担感はあっても創造工夫を加える余地があり、それを自身が提案できるなら、仕事は俄然面白くなるものです。逆に、ほとんど裁量がなく、事務的で定型的な仕事ばかりなら、現場では負担感が増大します。評価担当部局が原課を慮る気持ちはよく理解できますが、何のために行政評価を行うのかという原点に今一度立ち返り、本末転倒にならないようにしたいものです。

6 おかしな成果指標（アウトカム指標）が設定されている

自治体における行政評価の特徴の１つに、業績測定の導入が挙げられます。その業績測定では、インプット指標、アウトプット指標、アウトカム指標などの評価指標が用いられます。

前述の総務省の全国自治体調査によると、行政評価の導入団体のほとんどが「評価指標の設定」を課題としていることがわかります。とりわけ、いかに適切な成果指標を設定するかが最大の課題です。実際に「成果指標（アウトカム指標）の設定が難しい」という声が行政現場からよく聞かれます。

業績測定では、施策・事業等にアウトカム指標と目標値を設定することにより、成果や目標達成度の推移を継続的にモニタリングしたり、全国の平均値や他地域の数値と比較したりします。それにより、状況が悪化していたり相対的に弱い分野を発見し、問題解決のための新たな解決策を立案したり、資源配分の見直しを行います。したがって、いい加減なアウトカム指標が設定されていると、いかに根拠のある目標値を設定し精緻にデータを分析しても、ほとんど意味がありません。

しかし、実際にはアウトプット指標をアウトカム指標としてみたり、事業レベルのアウトカム指標と政策・施策レベルのアウトカム指標を混同していたりするなど、アウトカム指標が適切に設定されていない場面にしばしば遭遇します。かつて筆者が全国の自治体の行政評価担当課に対して行ったアンケート調査では、約４割の自治体が「各担当課が作成した評価シートの中には思わず首をかしげたくなるような、おかしな成果指標（アウトカム指標）が設定されていることがある」と回答していました。

むろん、こうしたアウトカム指標の設定問題は職員の能力不足だけで片付けられるものではありません。指標に沿ったデータがなければ新たに調査する必要がありますが、実際にはさほど調査コストをかけることができないため、既存データをもってアウトカム指標の数値に代えるといったケースも見受けられます。また残念なことに、アウトカム指標の妥当性については外部の有識者や専門家にチェックしてもらうことも少なく、住民や議員から指摘されることも稀です。

7 あまり知られていない目標値の設定根拠

いまや施策や事務事業に何らかの目標値が設定されることが少なくありません。なぜなら、目標値が設定されていなければ、施策や事務事業の成果が目標に近づきつつあるのか、逆に遠ざかりつつあるのかを定量的に評価しようがないからです。ところが、その目標値の設定過程でどのような議論があったのか、またどのような根拠でそうした目標値となったのかについては、あまり知られていません。

目標値の設定に関して確たる理論は存在しませんが、一般的には、SMART（Specific：具体的な、Measurable：計測可能な、Achievable：達成可能な、Relevant：適切な、Time-bound：期限のある）などがよく知られています。また政策的にコントロール可能であるか、関係者間で合意できる水準であるか、設定根拠が説明できるかといった観点も加味する必要があります。このほか、過去の実績値や達成率の推移を見たり、全国または都道府県の平均値や類似団体の目標値を参照したり、首長の公約や計画相互の整合性を図ったりすることも重要です。

挑戦的で崇高な目標値なのか、あるいは最低限クリアしなければならない目標値なのかによっても、ずいぶんと目標達成度の解釈が違ってきます。

某自治体の外部評価委員会での出来事です。総合計画書を見ていたところ、ある施策に関して「全国平均が45％であるため、５％増の50％を目標値とした」と書かれていました。ですが、なぜ５％増としたのか、その理由には触れられていませんでした。そこで、その施策を管理担当している部長に「目標値の設定根拠は何ですか」と尋ねたのです。すると、「その目標値が設定された当時、わたしは今の部署におらず、わかりません」との御返答。たまたまご存じないだけだったのかもしれませんが、人事異動の際に引継ぎがしっかりなされていなかったのです。あなたは、自身が担当している事業や施策に関して目標値の設定根拠を説明できますか。

8 掛け声だけのPDCA

理想的な政策過程には、①問題発見、②課題設定、③政策立案、④政策決定、⑤政策実施、⑥政策評価の各フェーズと、政策評価から政策形成（①～④）や政策実施へのフィードバックがあります。近頃では、自治体行政においても、PDCA（Plan-Do-Check-ActionまたはAct）サイクルに基づき、総合計画や個別計画の進行管理・評価を行うものとされています。

ですが、前述のとおり、Planにあたる計画がほとんど見向きもされなかったり、Checkの手法として用いられる行政評価が形骸化していたりすれば、もはやPDCAサイクルが首尾よく機能しているとは言えません。

前述のとおり、「政策」とは、公共的な問題を解決するための手段です。将来のまちや地域のあるべき姿を描き、それらを現状と対比させ、そこからどのような問題があるのかを発見し、その解決策を創り出す。また、評価の際には目標達成度に一喜一憂するのではなく、目標が達成できた場合もできなかった場合もその要因を分析し、課題設定を行う必要があります。

もっとも、このような形でマネジメントが行われていることは稀かもしれません。しかも、人間誰しもあることですが、事実や数字をしっかりと確認しなかったり、固定観念や先入観で結論づけたり、勘違いや記憶違いに気づかなかったり、個人的な経験や憶測だけで判断してしまいがちです。

また、総合計画・行政評価・予算編成がそれぞれバラバラに進行しており、有機的な連携が図られていないというのも、あるあるです。このようなときも、やはり掛け声だけのPDCAに陥っていると言わざるを得ません。（佐藤）

第１章

EBPMとロジックモデルは難しくない

→→→→→→→→→→→→→→→→→→→→→→→→→→→→→→→→

序章で取り上げた「政策立案・評価のあるある」。あなたの自治体では、どれだけの「あるある」が当てはまったでしょうか。第1章では、この「あるある」の解消になぜEBPMとロジックモデルが役立つのか、わかりやすく解説します。

1 なぜEBPMが叫ばれるようになっているか

（1）EBPMの動き

最近、自治体や国の行政で“EBPM”を進める動きが盛んになっています。“EBPM”は、“Evidence-Based Policy Making”の略で、「証拠に基づく政策立案」「根拠に基づく政策立案」「エビデンスに基づく政策立案」と訳されます。EBPMの定義は多様ですが、たとえば内閣府によると、「政策の企画をその場限りのエピソードに頼るのではなく、政策目的を明確化したうえで合理的根拠（エビデンス）に基づくものとすること」です。

自治体では、広島県、埼玉県、横浜市が“EBPM”を掲げて実践するなど、2018年（平成30）度後半以降、EBPMの動きが目立ち始めました。国では、「EBPMのニーズに対応する経済統計の諸課題に関する研究会」（2016（平成28）年10～12月）、「EBPM推進委員会」（2017（平成29）年８月～）、「EBPMに関する有識者との意見交換会」（2018（平成30）年３～７月）が開催されました。また、予算編成の基本方針（2018（平成30）～2020（令和２）年度）の中でも、EBPMの視点を踏まえ点検・評価の質を高めることや、EBPMを推進し予算の質の向上と効果の検証に取り組むことが示されました。

（2）EBPMの背景

EBPMを進める国の動きの背景には、統計・データの整備・活用を進める２つの流れがあります。

１つは、経済財政諮問会議において、正確な景気判断のために行われた、GDPなどの経済統計の改善の流れです。2017（平成29）年６月に経済財政諮問会議で決定された「経済財政運営と改革の基本方針」（答申）では、

EBPMと統計の改革を車の両輪として一体的に推進するとされました。

もう1つは、インターネットなどを通じて流通する大量の情報を活用するための「官民データ活用推進基本法」(2016（平成28）年12月施行）からの流れです。この法律に基づく「官民データ活用推進基本計画」(2017（平成29）年5月）には、EBPMを推進することが記載されました。

このように、EBPMを進める国の動きは、統計・データの整備・活用の流れを背景としています。国の動きを受けて自治体でEBPMを進める場合は、統計・データの整備・活用はあくまでも手段であり、政策立案の質を高めることが目的であることを見失わないようにしたいものです。

2　そもそも「エビデンス」とは何か

(1) 2つの「エビデンス」

EBPMは「証拠に基づく政策立案」などと訳されますが、「証拠」という言葉はEBPM以外（たとえば裁判）でも用いられるので、政策に関する証拠を「エビデンス」と言うこともあります。

「エビデンス」の定義も多様ですが、大きく分けて2つの意味があります。

1つは、「問題の状況や要因」を示すエビデンスです。たとえば、GDPの伸び率が低下しており、消費低迷が主な要因であるということを示すエビデンスに基づいて、消費拡大を中心とした経済対策を打ち出すなどです。自治体でも、総合計画を策定する際に、施策の重要度・満足度を尋ねる住民意識調査を行い、その結果に基づいて重点施策を立案することがあります。逆に、このようなエビデンスに基づかない政策の例としては、家庭での学習時間が(実際には減少しているのに）長すぎると認識して「ゆとり教育」を導入する、少年の凶悪犯罪が（実際には減少しているのに）増加していると思い込んで（または増減と無関係に）厳罰化する、などが考えられます。なお、国の動きの背景にあった統計・データの整備・活用は、主にこの意味のエビデンスに関わります。

もう1つは、「政策の効果」を示すエビデンスです（厳密には「政策の実施とその効果の間の因果関係を、少なくとも一定程度明らかにする定量的な証拠」などと定義されます）。たとえば、「行政評価」を導入している自治体では、既存の政策（施策、事業を含む広い意味）の効果を把握し、その結果に基づいて、政策の継続・廃止、拡大・縮小、改善などを検討することも行われています。また、新しい政策の導入を検討する際に、他の自治体での政策の効果（たとえば、ごみ収集の有料化によってごみの量が減少したか）を参考にすることもあります。なお、「エビデンス」という言葉の意味をこの「政策の効果」を示すものに限定する論者もいます。

（2）EBPMの実践と改善の余地

上記の住民意識調査や行政評価の例にもあるように、EBPMは多くの自治体でそれと意識しないまま実践してきたことです。ですから、“EBPM”と言われても、まったく未知の新奇なものがやってきた、と身構える必要はありません。

しかし、自治体で実践してきたEBPMにも改善の余地はあります。

たとえば、住民意識調査の結果に基づいて施策を立案すると言っても、住民が重視する施策における目的と行政の活動との間には距離があります。「施策に関連する事業」を列挙、整理することは簡単ですが、両者が本当に結びついていることを示した総合計画がどのくらいあるでしょうか。日常の業務に結びつかなければ、総合計画やその施策の目的が意識されないのは当然です。

また、行政評価についても、さまざまな課題が指摘されています。特に、指標の設定がうまくいかないことは、多くの自治体が抱える課題です。不適切な指標を設定し、その数値を測定しても、政策立案には使えません。「PDCAサイクル」が掛け声だけに終わるのも無理はありません。

（3）EBPMの改善に役立つロジックモデル

本書の主要なテーマである「ロジックモデル」は、EBPMの改善に役立ちます。たとえば、ロジックモデルを使うと、施策における目的と行政の活動との結びつきをわかりやすく図示することができます。また、行政評価の指標の設定の際にしばしば混乱する「アウトプットとアウトカム」「事業のアウトカムと政策・施策のアウトカム」の区別をつけるのにも役立ちます。

総務省の「EBPMに関する有識者との意見交換会」でも、**EBPMの前提**としてロジックモデルを明らかにすることが重要であるという意見が出されました。また、「内閣府本府におけるEBPMの取組について」(2019(平成31)年1月、内閣府本府EBPM推進チーム決定)では、新規に予算要求する事業を対象として、ロジックモデルを作成し、事業を実施する場合には、ロジックモデルを精査した上で、効果の検証を行うことが定められました。

そう言われても、「ロジックモデル」が何であるかがわからなければ、どう役に立つのかも理解できません。次節以降では、ロジックモデルとは何か、何の役に立つのかを詳しく見ていきます。

3 ロジックモデルとは何か

(1)ロジックモデルの概要

“EBPM”、「エビデンス」に続いて「ロジックモデル」という聞き慣れない言葉が出てきました。ロジックモデルの定義を説明する前に、「百聞は一見に如かず」と言いますので、まずは例をご覧ください。**図表1－1～4**は、ロジックモデルの構造を簡略化して示したものです。

事業のロジックモデル(単線フローチャート型)(図表1－1)、**施策のロジックモデル①(複線フローチャート型)**(図表1－2)、**表型のロジックモデル**(図表1－4)は、左から、予算などの資源の「投入(インプット)」、行政の「活動(アクティビティ)」、財・サービスの「産出(アウトプット)」、社会状態の変化としての「直接成果(直接アウトカム)」「中間成果(中間アウトカム)」「最終成果(最終アウトカム)」の流れを示しています。「直接成果」は「産出」から直接生じる成果、「中間成果」は「直接成果」と「最終

図表1－1　事業のロジックモデル（単線フローチャート型）

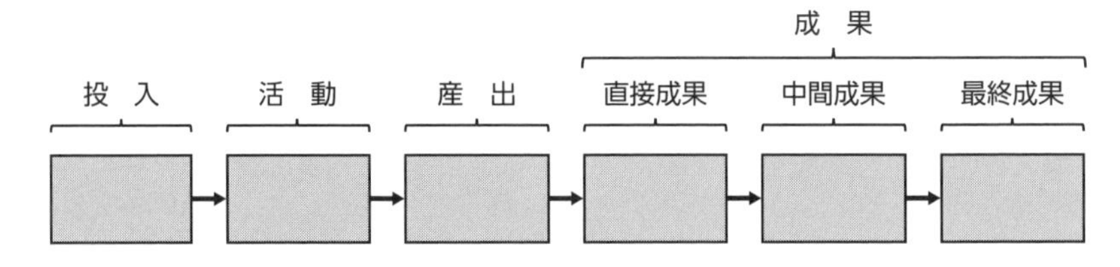

図表1－2　施策のロジックモデル①（複線フローチャート型）

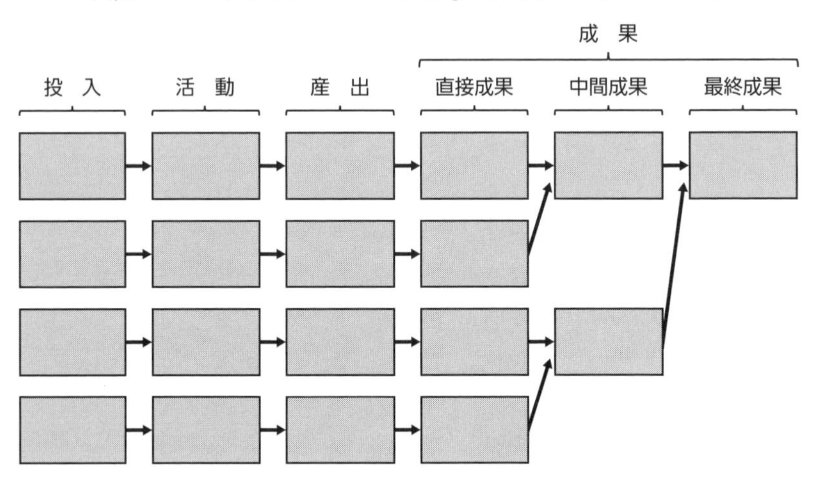

図表1－3　施策のロジックモデル②（体系図型）

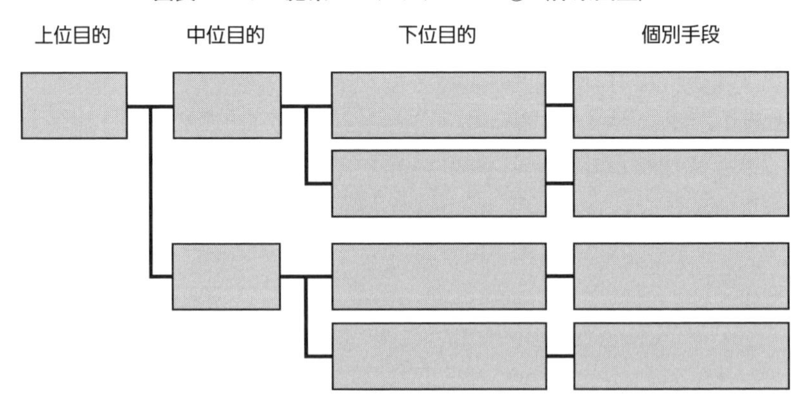

図表１－４　表型のロジックモデル

投　入	活　動	産　出	成　果		
			直接成果	中間成果	最終成果
投入A 投入B 投入C	活動A 活動B 活動C	産出A 産出B 産出C	直接成果A 直接成果B 直接成果C	中間成果A 中間成果B	最終成果

成果」の間の成果です。「最終成果」は「インパクト」とも呼ばれます。また、直接成果、中間成果、最終成果は「短期的成果」「中期的成果」「長期的成果」と呼ばれることもあります。

事業のロジックモデル（単線フローチャート型）と**施策のロジックモデル①（複線フローチャート型）**は、どちらも構成要素間の関係を矢印で示しているので、「**フローチャート型**」と呼びます。また、前者は事業ごとに作られるので流れは１本ですが（「単線」）、後者は施策ごとに作られるので、事業から出発した複数の流れが１つの最終成果に合流しています（「複線」）。ただし、後者には、単線フローチャート型を束ねたもの以外に、単線フローチャート型が途中から分岐した後、また合流して１つの最終成果に結びつくものもあります。

施策のロジックモデル②（体系図型）（図表１－３）は、左から、「上位目的」「中位目的」「下位目的」「個別手段」の関係を示しています。それぞれ、「最終成果」「中間成果」「直接成果」と事務事業に相当します。また、「下位目的」と「個別手段」の間に「産出」を書き加えることもできます。矢印ではなく線で目的－手段の関係を示しており、「政策－施策－事業」などの体系図に似ているので（中身は違いますが）「体系図型」と呼びます。この形のものをロジックモデルと呼ぶようになったのは最近のことです。

なお、**施策のロジックモデル①（複線フローチャート型）・②（体系図型）**は、いずれも１つの施策における目的と複数の活動の関係を示しており、樹形図のような形をしているので、「**ツリー型**」と呼ぶこともあります。

このように見ると、「ロジックモデル」とは、「投入」から「最終成果」までの**因果関係**、または、「上位目的」から「個別手段」までの**目的－手段の関係**を図表で示したものであると言えます。

ただし、これらの関係はあくまでも「論理的に（理屈の上で）」考えたものです。「論理（ロジック）」を示した「模式図（モデル）」なので「ロジックモデル」と呼びます。「ロジックモデル」というカタカナを使うのは、外国に起源があるからです。最初に「ロジックモデル（logic model）」という言葉を用い、その例を示したのは、1979年にジョセフ・ホーリーが著した著書“Evaluation: Promise and Performance”であると言われています。

（児山）

（2）ロジックモデルの構成要素

もう少し詳しく、ロジックモデルがどのような要素から構成されているかを見ることにします。ここでは、ロジックモデルの要素を見るのに適している表型のロジックモデルを用いて説明します。

図表１－５は、**表型のロジックモデル**の例です。この例では、都市における「駅前の放置自転車対策」という施策を想定しています。鉄道沿線のとある駅の周辺に大量の自転車が放置されるのが常態化しており、駅前の歩行者の通行や安全に支障をきたしているという前提です。地元の自治体が具体的な対策を講じる際に、このようなロジックモデルを作成することが考えられます。

図表１－５は、投入、活動、産出、直接成果、中間成果、最終成果という６つの項目に分かれており、それぞれの項目について、この例の場合に該当する具体的な内容が記載されています。この６つの項目は、行政組織がある目的を達成するために、何らかの資源を投入して事業等の活動を行い、その活動が何らかの産出や成果（直接成果、中間成果）を生み出し、最終的に目的を達成（最終成果）するまでの過程を模式的に想定して、その過程をいくつかの要素に分解して示したものです。

これらの要素のうち、投入と活動、産出については行政組織が直接的にコントロールできる（あるいは、コントロールしやすい）ものであるのに対し、

図表１－５　ロジックモデルの構成要素（表型のロジックモデルの例）

投　入	活　動	産　出	成　果		
			直接成果	中間成果	最終成果
一連の活動を実施するために必要な投入資源	問題に対処するために実施する具体的活動	活動が完了した時に、活動が実施されたことを示す事実	活動の完了後、比較的すぐに期待される変化	活動の完了後、一定の期間後に期待される変化	最終的に実現をめざす状態
・自転車整理員関係費用（募集費用、給与等） ・車両（自転車の搬送用）の手配 ・職員（巡回要員） ・駐輪場整備費 ・駐輪場用地	・行政が自転車整理員を派遣する ・行政が職員を駅前に派遣する ・行政が駐輪場を整備する	・自転車整理員が自転車撤去作業を実施する ・職員が駅前の巡回を実施する ・駐輪可能台数が増加する	・放置自転車が撤去される ・自転車の放置が抑制される ・駐輪場の利用者が増加する	・放置自転車が減少する	・歩行者の通路・安全が確保される

成果（直接成果・中間成果・最終成果）は行政組織が直接コントロールすることが難しく、投入や活動を通じて、間接的にしか影響を及ぼすことができないものです。

図表１－５が示すように、このロジックモデルでは、駅前の放置自転車対策という施策が６つの要素に分解されており、しかもこれらの要素が「投入→活動→産出→直接成果→中間成果→最終成果」というように、段階を経て関連性を持つものとして想定されています。この一連の経路が、この施策において想定している因果関係です。

行政の活動が最終成果につながるまでの過程を何段階に分けるかや、分解した各段階を何という名称で呼ぶかについては、いろいろな方法や流儀が存在します。

しかし、ロジックモデルとは、行政の活動が最終的な成果につながるまでの**因果関係**を論理的に図式化したものであるということを理解していれば、自分たちでいろいろなタイプのロジックモデルを作ることができますし、他の人が作ったロジックモデルも理解しやすくなります。　（田中）

（3）ロジックモデルの各類型の長所・短所

どのタイプのロジックモデルを作るかは、ロジックモデルの各類型のどの長所・短所を重視するかによります。

事業のロジックモデル（単線フローチャート型）は、事業ごとに、投入から最終成果までの流れを示すので、事務事業の評価指標の設定などに役立ちます。また、構造が単純で作りやすいのも利点です。しかし、事業ごとに作成するので、最終成果からさかのぼって他に必要な事業を検討したりするのには向いていません。

施策のロジックモデル①（複線フローチャート型）は、投入から最終成果までの流れを示すことができます。また、作り方にもよりますが、まず、最終成果から中間成果までさかのぼって（右から左に向かって）作成し、その後、投入から中間成果までの流れを（左から右に向かって）作成すれば、最終成果の達成のために必要な手段を考えることもできます（たとえば、中間成果に結びつく事業がないことに気づくなど）。ただし、投入から中間成果（左から右）に向かって作成する際に、既存の事業や（成果への結びつきと無関係に）導入したい事業を無理やり入れてしまうおそれもあります。また、構造が複雑なので、作るのに時間がかかります。

施策のロジックモデル②（体系図型）は、「目的から出発して必要な手段を考える」という発想を最も徹底したものです。「下位目的」と「個別手段」の間に「産出」を書き加えれば、施策のロジックモデル①（複線フローチャート型）と同様に、最終成果から個別手段までの目的－手段の関係を途切れることなく示すことができます。ただし、その場合は作るのに時間がかかります。

表型のロジックモデルは、それぞれの項目に具体的内容（たとえば、「投入」の項目に「自転車整理員関係費用」「車両」など）を記入するだけなので、作るのは簡単です。しかし、別々の項目に記入した具体的内容（たとえば、「投入」に記入した「自転車整理員関係費用」「車両」と「活動」に記入した「行政が自転車整理員を派遣する」「行政が職員を駅前に派遣する」）の間の論理的関係が、矢印や線の結びつきで示されていないので、あいまいになります。なお、事業ごとではなく施策ごとに作成すれば、施策の最終成果からさかのぼって必要な手段を考えることもできます。

以上のように、ロジックモデルの４つの類型にはそれぞれ長所・短所があります。事業のロジックモデル（単線フローチャート型）は事務事業の評価指標の設定に役立つこと、施策のロジックモデル①（複線フローチャート型）は投入から最終成果までの全体の流れを施策単位で俯瞰できること、施策のロジックモデル②（体系図型）は施策を実現するために必要な事務事業の検討に役立つこと、表型のロジックモデルは作るのが簡単なことが主な長所です。逆に、事業のロジックモデル（単線フローチャート型）は範囲が事業に限られること、施策のロジックモデル①（複線フローチャート型）と施策のロジックモデル②（体系図型）は作るのに時間がかかること、表型のロジックモデルは別々の項目に記入した具体的内容の間の論理的関係があいまいであることが主な短所です。

（4）影響要因を追加したロジックモデル

最終成果に影響を与える要因は、自治体の行政の活動に限りません。たとえば、国や他の自治体（市町村から見た都道府県など）の行政の活動、民間の活動、景気変動、自然環境、国際関係も影響を与えるかもしれません。また、行政の活動から中間成果までの各項目についても同様のことが言えます。そこで、ロジックモデルの各項目に影響を与える可能性のある他の要因（略して「**影響要因**」と呼びます）を書き加えることもできます。事業のロジックモデル（単線フローチャート型）に書き加えたものは**図表１－６**のように

図表１－６　影響要因を追加した事業のロジックモデル

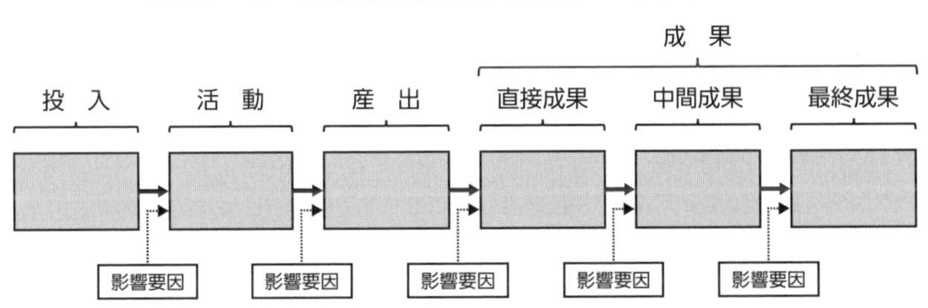

なります。影響要因を書いておくと、事後評価の際に、ロジックモデルの各項目に影響を与えた行政の内外の要因を分析しやすくなります。

(5)「EBPMの改善に役立つロジックモデル」の意味

先に、ロジックモデルはEBPMの改善のために役立つと述べました。自治体で実践してきたEBPMの例として、住民意識調査の結果に基づく重点施策の立案や、行政評価の結果に基づく政策の検討を挙げましたが、それぞれ、施策における目的と行政の活動の結びつきが示されていない、指標の設定がうまくいかない、という問題がありました。これらの点を改善するために、ロジックモデルが役立ちます。

まず、**施策のロジックモデル①(複線フローチャート型)**や**施策のロジックモデル②(体系図型)**は、行政の活動から施策の目的までの流れや、施策の目的と必要な手段の関係を示します。住民意識調査の結果に基づいて重点施策を特定し、その目的と関連する事務事業との結びつきを明確に示すこともできます。

つぎに、行政評価の指標の設定には、事務事業評価であれば**事業のロジックモデル(単線フローチャート型)**、施策評価であれば**施策のロジックモデル①(複線フローチャート型)**や**施策のロジックモデル②(体系図型)**が役立ちます。施策評価と言っても、最終成果や上位目的だけに指標を設定するのではなく、投入から中間成果、または、中位目的から個別手段までの各項目にも指標を設定し、最終成果や上位目的に対する各事業の有効性を評価することもできます。ロジックモデルを作成した上で、その各項目に指標を設定すれば、産出(アウトプット)と成果(アウトカム)、直接成果(事業のアウトカム)と最終成果(施策のアウトカム)の指標を混同することも少なくなります。

(6)「仮説」としてのロジックモデル

ロジックモデルは、行政の活動と最終成果の間に「論理的には(理屈の上では)このような関係があるだろう」という「**仮説**」を示すものです。ロジックモデルを作成するだけでも、行政の活動と最終成果が論理的に結びついているかどうかを評価することができます（このような評価を**「セオリー評価」**と呼びます）。

EBPMを進める上で、ロジックモデルが「仮説」であることは、強みでもあり、弱みでもあります。

まず、強みというのは、「仮説」があると、どんな「証拠（エビデンス）」を集めればよいかがわかりやすくなるということです。この点は、「エビデンス」の２つめの意味（政策の効果を示すもの）に関わります。この意味のエビデンスは、「政策の実施とその効果の間の因果関係を、少なくとも一定程度明らかにする定量的な証拠」などと定義されます。政策（行政の活動）と効果（最終成果）の因果関係を示すためには、この２つに関する証拠だけでなく、その途中の段階（産出、直接成果、中間成果）に関する証拠もあった方が説得力が増します。そして、ロジックモデルは、投入から最終成果までの関係を仮説として示すので、これらに関する証拠を集めればよいということになります。なお、“EBPM”を掲げて実践している自治体は、このような証拠を専門的な手法で収集・分析し、政策と効果の因果関係を推論するという特徴があります。

他方で、ロジックモデルはあくまでも「仮説」であり、それ自体は「エビデンス」ではありません。行政の活動と最終成果の間に「仮説」どおりの関係が実際にあるかどうかを検証するためには、指標に関する統計やデータなどの「証拠」を集め、分析する必要があります。「理屈と膏薬はどこにでもつく」「論より証拠」という言葉があるように、「論理（ロジック）」だけでは説得力に限界があります。

（7）ロジックモデルを作成・活用した自治体の事例

ロジックモデルを使って、施策における目的と行政の活動の結びつきを示したり、行政評価の指標を設定した自治体が実際にあります。ここでは、ロジックモデルの類型ごとに事例を簡単に紹介します。

事業のロジックモデル（単線フローチャート型）は、まず、2001（平成13）

～06(同18)年度に関西の自治体で作成されました。加古川市（兵庫県、2001(平成13)～03(同15)年度)、豊中市（大阪府、2002(平成14)年度)、芦屋市(兵庫県、2003(平成15)～06(同18)年度）の事例があります。また、2011(平成23)～15(同27)年度には、稲沢市（愛知県）でも作成されました。いずれも、事務事業評価や施策・政策評価の指標の設定などに用いられました。なお、愛知県内の自治体では、市民の委員会・会議がこの型のロジックモデルを作成し、提案した事業から施策の目的までのつながりを説明した事例もあります（東海市（2006(平成18)～13(同25)年度)、一宮市（2008(平成20)～14(同26)年度)、春日井市（2010(平成22)～11(同23)年度)、愛西市（2011(平成23)～12(同24)年度))。

施策のロジックモデル①（複線フローチャート型）は、まず、2005(平成17)年度以降、東海地方の自治体で作成されました。伊賀市（三重県、2005(平成17)年度)、一宮市（2005(平成17)～17(同29)年度)、愛西市（2006(平成18)～13(同25)年度)、春日井市（2006(平成18)～11(同23)年度)、東海市(2007(平成19)～09(同21)年度)、池田町（岐阜県、2007(平成19)～09(同21)年度)、豊明市（愛知県、2014(平成26)年度～）の事例があります。これらの事例では、住民へのグループインタビューとアンケート調査の結果に基づき、住民にとって重要な「生活課題」（たとえば「犯罪が少ない」）を特定し、それを総合計画の施策の目的として位置づけ、行政の活動との関係をロジックモデルで示しました。これらのうち東海市の事例は本章のケーススタディ(36ページ）で取り上げます。また、東北地方では、北上市（岩手県、2009(平成21)年度～)、盛岡市（2015(平成27)年度～）の事例があります。北上市では総合計画のすべての基本施策について、盛岡市では総合計画の戦略プロジェクトとすべての小施策（2016(平成28)～18(同30)年度）について作成し、行政の活動から施策の目的までの流れを示しています。北上市の事例は次章のケーススタディ（81ページ）などで取り上げます。

施策のロジックモデル②（体系図型）は、豊岡市（兵庫県、本格導入は2014(平成26)年度～)、習志野市（千葉県、2013(平成25)年度～）で作成されています。豊岡市では６つの政策から徐々に増加し、習志野市では２つの施策について作成されています。これらの事例については後の章で詳しく見ていきます。
（児山）

4　ロジックモデルで政策立案能力を鍛えよう

序章では、前例踏襲・横並びの政策形成においては、将来あるべき姿から逆算して現在何をすべきかを構想したり、現在の行為が将来に対してどのような結果や影響を及ぼしていくかを推論したりする「**戦略的思考**」または「**仮説的思考**」が欠如していることを問題提起しました（3ページ）。この問題は、事業のロジックモデル（単線フローチャート型）、影響要因を書き加えた事業のロジックモデル（単線フローチャート型）、施策のロジックモデル①（複線フローチャート型）、施策のロジックモデル②（体系図型）を活用することで、「**はじめに事業ありき**」の発想から脱却し、戦略的思考や仮説的思考を養い、政策立案能力を鍛えることで解決できます。

では、ロジックモデルを作成したり活用したりすると、どうして戦略的思考や仮説的思考が養われ、政策立案能力を鍛えることができるのか、ロジックモデルの類型ごとに説明します。

（1）事業のロジックモデル

すべての事業は、「その事業を実施すれば、何らかの結果をもたらす」という仮説を持っています。**事業のロジックモデル（単線フローチャート型）**（**図表1－1**）は、事業の実施に伴う資源投入から活動、産出、直接成果、中間成果、最終成果に至るまでの因果の仮説をフローチャートでわかりやすく示すことができます。

また、**影響要因を追加した事業のロジックモデル（単線フローチャート型）**（**図表1－6**）は、事業以外の「要因」が最終成果までの過程で影響を与える可能性を考える場合に適しています。すなわち、その事業を行うことによって期待される最終成果に至るまでに、影響を与える他の要因をあらかじめ想定することや、事業実施後の評価にその要因の影響を考慮することが可能になります。仮説を組み立てていく際に、こうした影響要因を考えることは、事業実施の成果を事前（あるいは事後）にできる限り適切に評価するという観点からも政策立案能力を鍛えることにつながります。

行政が実施する事業には、実現すべき目的があるはずです。その目的に焦点をあてて事業の成果をあらかじめ仮定することで、**「はじめに事業ありき」**の発想から脱却することができるのです。

（2）施策のロジックモデル

① 複線フローチャート型

施策のロジックモデル①（複線フローチャート型）（図表１－２）は、投入から最終成果までの全体の流れを示すものです。作り方にルールはありませんが、同じフローチャート型であるという点から、前述の事業のロジックモデルと基本的に同じ原理で考えられたものです。すなわち、このロジックモデルの図式化の方向は、通常紙面上で左（投入）から右に向かって活動、産出、直接成果、中間成果、最終成果と組み立てていきますが、事業のロジックモデルのように単線ではなく複線であるため、要素間の関係がより複雑になります。ただし最近では、つぎに説明する**施策のロジックモデル②（体系図型）**のように、最初に最終成果を設定することが重要であるという考え方から、まず目標となる最終成果を定め、さかのぼって中間成果を設定していき（つまり紙面上では右（最終成果）から左に向かって組み立てていき）、その後今度は左（投入）から、右に向かって活動、産出、直接成果、という流れを示して中間成果と矛盾なくつながるように作るという方法もあります。この方法の場合、右からの流れと左からの流れを合体するときに無理に辻褄合わせをしないことが重要です。このように最初に目標を定めてロジックモデルを組み立てていくことで、将来あるべき姿から逆算して現在何をすべきかを構想する**戦略的思考、仮説的思考**の涵養に役立ちます。

② 体系図型

施策のロジックモデル②（体系図型）（図表１－３）は、上述の「目的から出発して必要な手段を考える」という発想を徹底したものです。

前述の施策のロジックモデル①（複線フローチャート型）と、この施策のロジックモデル②（体系図型）の最も重要な特徴は、「**施策**」という単位で行政活動の全体を俯瞰できることです。これまでの「はじめに事業ありき」の視点では、「その事業が何のために行われているか」や「事業の実施によって市民や地域社会にどのような成果をもたらすか」といったことがあいまいなまま、前例踏襲・横並びで事業を継続している状況がしばしば見られます。詳細は後述しますが、事業は政策目的を実現するための手段の１つでしかありません。施策の目的から事業をとらえることで、その事業を実施することが妥当なのか、改善する余地はあるかといった視点を養うことができるのです。

この特徴を活かして、最終成果（上位目的）から始める施策のロジックモデル①（複線フローチャート型）、施策のロジックモデル②（体系図型）は、総合計画の策定やマネジメントに応用できることを説明します(詳細は第３章)。

序章で述べた通り、総合計画は行政職員にほとんど見向きもされず、また市民にとって身近な計画になっていないのが現状です。総合計画が長期的視点に立ったまちづくりや行政経営の基盤となり、市民にとってわかりやすく身近なものとなるためには、**政策体系**を整理して、行政活動を**可視化**することが重要です。

政策体系は、階層構造で成り立っています。この階層構造は、政策を具体化した「施策」と施策につながる活動（メニュー）を「事業（群）」というように、「事業（群）」は「施策」における目的を達成するための手段であり、「施策」は「政策」における目的を達成するための手段であるといった目的と手段の関係で結びついています。さらに、目的に成果指標と目標数値を設定し、それを現状値と比較すれば進捗状況を把握することが可能になります。

政策体系を目的と手段の階層構造として整理するとともに、行政活動の実施によってどのような成果が見込まれるかという**ロードマップ**ないし**ストーリー**を可視化することは、戦略的に政策を考えることに貢献するだけなく、行政が市民に対して説明責任を果たすという意味においても有効です。

政策実施の結果、目標とした状態へ到達するまでのプロセスは、何らかの原因と結果が連鎖状に連なる「**仮説**」に基づいています。すなわち、ある原因がある結果を生み出し、そのある結果は次の原因となって次の結果を引き起こす、というように因果関係が想定されているのです。したがって、プロセスのどこかが機能しなければ目標とした状態までたどり着くことができません。

そこで施策のロジックモデル①（複線フローチャート型）や施策のロジックモデル②（体系図型）を作成することで、どの事業のロジック（論理的必然性）が強く、どの事業のロジックが弱いかということが判別できるようになります。そのためロジックが弱い事業は、施策という目的に対して「有効でない」と評価され、見直したり廃止するという判断が可能となり、また「有効である」とされる新しい事業提案が可能になるわけです。すなわち、政策の立案・評価の場では、最終成果（上位目的）の段階からさかのぼって、目的と手段の関係から、なぜこの事業を実施しなければならないかといった論理的必然性を説明すればよいわけです。

また、施策を実現する手段としての活動（メニュー）を「事業（群）」ととらえれば、施策を構成する個々の事業間の相対比較を行うことで**事業の優先順位づけ**が可能になります。つまり、施策を実現する手段として、どの事業が重要であるかという判断がつくのです。この優先順位に基づく予算配分を行えば、限られた資源を有効活用するという意味で、各施策に対して予算を増やすべきか減らすべきかなどの行政経営における戦略上の判断をすることが可能になるのです。

5　ロジックモデルで適切な成果指標を導こう

前述のとおり、行政評価の指標を設定する際に、「**アウトプット**」と「**アウトカム**」の違いや、「**事業のアウトカム**」と「**政策・施策のアウトカム**」の区別に混乱している状況がしばしば見られます。ロジックモデルの各類型の特徴を踏まえて活用することで、こうした状況を改善し、適切な成果指標を導くことができます。

アウトプットとアウトカムの概念はさまざまですが、行政活動におけるアウトプットは「産出のレベル」であり、アウトカムは「意図した結果」です。アウトカムは状況（環境）の変化を示す行政活動の成果であり、行政評価にとって最も重要な情報です。アウトプットはアウトカムを把握するための先行概念であり、アウトカムを評価するためのデータとしての側面を持ちます。

では、具体的にどのようにしてアウトカムを評価するのでしょうか。

序章で述べた通り、自治体の行政評価の特徴の1つに、**業績測定**の導入が挙げられます。業績測定では、個々の業績をより具体的に測定するための成果指標の選択が重要となります。すなわち業績測定は、施策を実施した結果、どのように状況（環境）が変化したのかを、成果指標によって測定または監視していくという発想から考えられたものです。

前述のとおり、「事業（群）」は「施策」における目的を達成するための手段であり、「施策」は「政策」における目的を達成するための手段であるといった目的と手段の関係でつながっています。そのため施策のロジックモデル①（複線フローチャート型）や施策のロジックモデル②（体系図型）を活用して、最終成果（上位目標）からさかのぼり、「仮説」を示すことで何をするべきかを論理的に検討して施策を決めていくことが有効です。

しかし、実際にその施策がどれほど成果を上げているかを評価するためには、アウトカム・レベルを測る成果指標が必要となります。施策のロジックモデル①（複線フローチャート型）や施策のロジックモデル②（体系図型）では、直接成果（下位目的）、中間成果（中位目的）、最終成果（上位目的）が示されているので、ロジックモデルに描かれている各要素の実現度合いを量的に計測できるように指標を設定することができます。

実現度合いを量的に計測するためには、客観指標（データ）と主観指標（市民の満足度など）とを織り交ぜ、行政活動のアウトカム・レベルを多角的に測定することが重要です。

また、施策のロジックモデル①（複線フローチャート型）には「産出」が含まれているので、産出（アウトプット）指標も成果指標と区別して設定することができます。

このようにフローチャート（体系図）に示された直接成果（上位目的）、

中間成果（中位目的)、最終成果（上位目的）の各指標を測定することで、施策が成果を上げているかどうかの進捗状況を判断することができ、効果が出なかった場合はロジックモデルで原因を特定し、改善を行うことが可能になります。

一方、事業のロジックモデル（単線フローチャート型）や影響要因を書き加えた事業のロジックモデル（単線フローチャート型）は、投入から最終成果までのフローチャートを示すことで、事業の実施が意図した結果にたどり着くかどうかの仮説を明らかにしようとするものです。その仮説が正しいかどうかを測る指標を、産出、直接成果、中間成果、最終成果のそれぞれで設定すれば、事業が意図した結果をもたらしたかを監視することができます。

事業のアウトカムは、事業そのものが成果を上げたかどうかを評価するためのものであり、評価の判断基準は、「施策の手段としての活動」として妥当かどうかです。事業のアウトカムは、施策のロジックモデル①（複線フローチャート型）や施策のロジックモデル②（体系図型）では、「直接成果(下位目的)」にあたるものであり、施策・政策のアウトカムである中間成果(中位目的)、その先の最終成果（上位目的）につながるものです。

以上のように考えると、「事業のアウトカム」と「政策・施策のアウトカム」の区別は整理できるのではないでしょうか。詳しくは第2章で解説します。

6 ロジックモデルで事業の有効性を評価しよう

施策における成果が得られたかどうかを見るためには、施策の実現手段である個々の事務事業が、施策の実現にどの程度有効かを評価することが重要になります。これを「**有効性分析**」と言います。

有効性分析は、事業の実施前（事前）においては、どのような成果が見込まれるかを検討することであり、事業の実施後（事後）においては、期待された成果が実際に得られたかどうかを分析することです。また、投入した資源に見合う成果が見込めるか（見込めたか）どうかの視点から事業の有効性を評価し、事業間で相対的に比較することで、さまざまな事務事業の選択肢の中からより望ましい事業を選定することができます。すなわち、個々の事業の有効性を把握することは、限られた地域資源を有効活用するためにも必要不可欠だと言えます。ここではロジックモデルを活用して、**事業の有効性**を評価することの意義を説明します。

成果志向型の行政経営への転換をめざし、わが国の自治体では事務事業評価をはじめとした行政評価の導入が進められてきました。評価することはもちろん重要なことです。しかし、事業そのものの評価をあまりにも重視したために、「施策の目的に対して有効な事業であるか」という観点からの計画立案の重要性が見過ごされ、限られた資源を有効活用するためのマネジメントの視点が欠如していたことは否めません。その反省から、評価システムをマネジメント・サイクルの一部に組み込み、行政経営全体が機能するしくみを構築することが求められています。

事務事業評価は、数百から数千ある個々の事務事業を対象に評価を行います。これは、それぞれの事務事業の実態の把握には役立ちますが、施策の手段として事業（群）を見た場合に、どの事業が施策の実現にとって有効なのかを判断するという目的においては適切ではありません。また、事務事業評価と予算編成の連関がないケースも多く見られます。施策と事業（群）のつながりが不明瞭なため、重点的に予算をつける施策にとって、どの事務事業を廃止してどの事務事業を優先的に行うかの正しい判断がつかないまま、個々の現状だけを見て、継続または廃止等を決定することになります。したがって、行政経営の効率化を図る目的で事務事業評価を導入した自治体では、労力のわりには効果が見えずに失望感が広がっているのが現状です。

成果志向型の行政経営において重要な点は、マネジメント・サイクルを実現するシステムへの転換です。マネジメント・サイクルを確立するためには、事後評価と評価結果を次の計画立案（Plan）にフィードバックすることが重要です。そのためには、施策が成果を上げているかどうかを成果指標に基づいて施策評価を行い、成果が見られない場合は、施策の手段となる事業（群）に改善の余地があるかを検討し、次の計画に反映させるというサイクルを循環させることが必要です。

また事業（群）の構成が、施策という目的に対して妥当であるか否かの評価では、それぞれの事業の担当課どうしが話し合いをする必要に迫られます。そしてほとんどの自治体では、事業の担当課が予算を獲得するために、実施計画事業の計画書の提出が求められます。新規事業の提案、あるいは既存事業の改善について説明する際に、ロジックモデルを活用することで、なぜその事業をやらなければならないのかを論理的に説明することができます。

さらに、施策の評価結果が予算に直結するしくみを構築すれば、施策の手段である事業（群）の有効性の評価が予算獲得に影響を及ぼすことになり、評価を行う担当職員のモチベーションの向上につながります。つまり、職員が施策評価に関心を向けざるを得なくなることで、行政内部に根づよく残る縦割りの垣根を越えて、総合計画に全庁的に取り組む機運となることが期待されます。

また、前述した投入資源とそれに見合う成果を検討する上で、施策のロジックモデル①（複線フローチャート型）、事業のロジックモデル（単線フローチャート型）、影響要因を書き加えた事業のロジックモデル（単線フローチャート型）において、フローチャートの最初に「投入」の要素から示すことも有効です。特に、事業のロジックモデル（単線フローチャート型）や影響要因を書き加えた事業のロジックモデル（単線フローチャート型）は、個々の事務事業の投入の要素を詳細に検討し、その事業の実施が投資資源に見合う最終成果を得られるか（得られたか）の事前および事後評価を行うことで、個々の事業の有効性を検討（分析）することができます。

7 コミュニケーション・ツールとしてのロジックモデル

自治体経営において、「**市民参加**」は必要不可欠なテーマです。とりわけまちづくりの根幹となる総合計画の策定にあたっては、審議会や市民委員会を設置したり、アンケート調査の実施やパブリックコメントを募ることで「市民の声を聞く」というプロセスはあたりまえになっています。しかし、多くの市民参加が「市民の声を聞いた」レベルにとどまっています。市民ニーズを反映した目標設定とその目標達成のための事業の企画立案はおろか、まちづくりの進捗状況を評価し、フィードバックするプロセスに市民が関わっていないというのが現状です。

本来まちづくりは行政だけで遂行するものではなく、市民や事業者など多様な利害関係者が、同じ目標のもとでそれぞれの責務を持って関わり、取り組んでいくものです。この「マルチステークホルダー・パートナーシップ」は、2015年に国連で採択された持続可能な開発目標**SDGs（Sustainable Development Goals）**の観点からも奨励されています。つまり、さまざまな利害関係者が、共通の目標達成のために、リスクや責任、専門的知見や資金などのリソースや利益を共有し、自発的かつ協調的に合意形成することが求められているのです。欧米諸国では、市民や多様な利害関係者が参加するパートナーシップ組織を立ち上げ、そこでは地域目標のための課題の分析、行動計画の作成、実施・管理運営、評価・フィードバックと、PDCAのすべての段階に市民参加が実現しています。そして、意思決定の過程で重要な役割を果たすのが、共通の「ものさし」となる**ベンチマーク**です。

ベンチマークは、経営やマーケティングの分野では、自社の経営やマーケティング戦略を改善するために用いる優良他社の戦略や指標のことを指します。対して、自治体で活用されているベンチマークは、行政が設定する目標のことを指し、先進自治体の経験値から期待される成果のことを言う場合もあります。いずれにせよ、多様な利害関係者が、情報を共有して進捗管理を行っていく際に重要となるのが、ベンチマークのような「**コミュニケーション・ツール**」であり、問題の状況や原因を把握するための「証拠（エビデンス)」となるデータや統計です。

ロジックモデルの最大のメリットは、計画から実施、その効果の評価とフィードバックという一連の流れの中で、プログラムに関係する計画立案者、実施者、受益者等で意見交換し、プログラムの効果を高め、改善するための「コミュニケーション・ツール」となり得るという点です。ロジックモデルがコミュニケーション・ツールとなることで、すべての利害関係者が将来のビジョンを共有し、施策を実施することでどのようなアウトカムが期待できるかを理解し、今後の進路を明確にすることが可能になります。さらに、実施されている事業の内容を知り、改善するために何をするべきか、あるいは各施策に対して予算を増やすべきか減らすべきかなどの行政経営における戦略上の判断をすることができます。

また、ロジックモデルをコミュニケーション・ツールとして活用する際に重要な点は、成果指標に基づく評価結果が、首長・行政職員・市民・議会の間の客観的な政策論議を喚起するという意義を持つことです。すなわち、行政が政策の目的とその成果を情報公開し、市民・議会がその内容を事後評価して行政にフィードバックするという、コミュニケーションが成立することが期待されます。そして行政・市民・議会のコミュニケーションが成立するための共通の「ものさし」として活用するのが、行政活動のアウトカム・レベルを測定する成果指標です。この成果指標の数値の変化を、市民・議会をはじめとしてプログラムに関わるすべての関係者が毎年チェックし、一緒に進捗状況をモニタリングすることができます。たとえば、最終成果（上位目的）を「地域から排出される一般廃棄物の量が減少する」とします。この目標を達成するための手段として位置づけられる中間成果（中位目的）に「ごみの発生が抑制される」と「リサイクルが推進される」を設定します。この場合、成果指標は「市民1人あたりのごみの排出量」や「ごみのリサイクル率」、あるいは「再生品やエコマーク商品をなるべく選ぶ人の割合」などが考えられます。もし、これらの指標の数値が年々悪化していれば、「問題が悪化しているのではないか」ということがわかります。現在の施策や事業は適切なのか、指標値の改善のためにはどうすればよいかを庁内の担当部局だけでなく、その指標に関わる関係者や市民・議会を巻き込んで議論することが可能になります。

これまで行政と市民の対話の場では、市民が一方的に要求を述べて職員は市民の意見を聞くだけという状況がしばしばみられました。また職員は、行政が把握している情報を市民にはなるべく開示しないという、消極的な雰囲気もありました。しかしコミュニケーション・ツールがあると、同じ目的のもとで、それぞれの視点での意見のキャッチボールができるようになります。

市民は、行政に文句を言う立場を越えて、協働のパートナーであるという意識改革がおこり、職員も情報を開示する必要性を認識し、対話を重ねることで信頼関係が醸成されていくのです。

また成果指標は、行政が市民や事業者など地域社会を構成する各主体と協働で達成すべき共通目標です。成果指標に５年後、10年後の目標値を設定することで、関係者間のコミュニケーションにおいて有効なメルクマールとなります。毎年数値を点検しながら施策を展開していく際に、目標値の達成に向けてどういう施策を重視するべきか、どういうところに予算をつけるべきかについて議会でも討論ができ、行政側でも重点的に取り組む施策への予算編成が可能になります。また市民や議会が、行政の実施した事業の報告を受けるだけなく、指標の数値を見て、「成果が上がっていない」と指摘することもできます。市民や議会のチェックを受けながら、行政側も改善のために何をすればよいのかを考え、新たな企画立案につなげていくこともできるのです。さらに指標の数値が公開されることで、地域社会を担うさまざまな主体が指標を活用して、**協働で地域をマネジメント**していくという認識を共有することが可能になります。特に自治体経営において、成果指標の実効性を向上させるためには、地域マネジメントの共通の「ものさし」として機能させることが重要です。PDCAの実施（Do）の段階において、事業委託や指定管理者制度によってNPOなどの民間団体に事業を委託する場合にも、事業を実施する主体が行政とともに成果指標を共有し、ロジックモデルをコミュニケーション・ツールとして活用しながら総合計画を管理していくことが望ましいかたちと言えるでしょう。

ここまでロジックモデルをコミュニケーション・ツールとして活用することの効果について見てきましたが、やや理想論だという意見があるかもしれません。また行政組織において、実際にロジックモデルを導入するという段階に至るまでにはいくつかのハードルがあるのも事実です。首長や経営幹部がロジックモデルに強い関心があり、トップダウンで導入を決断するというケースは稀有であり、ほとんどの自治体では企画政策部門、評価部門の担当者が、首長や経営幹部の承諾を得た上で積極的に主導して、各部局の職員にロジックモデルの有用性を認識してもらい、庁内の合意を獲得していかなければならないのが現実です。そのため企画政策部門、評価部門の担当者は、管理職や実務担当職員向けに説明会や研修会を開催したり、個別に各部局を回って説得したりすることも必要になります。しかしそれだけでは、どのようにロジックモデルを作成すればよいかが職員にはイメージしにくいため、できれば施策ごとに関係する担当課どうし、もしくは部局内で、ワークショップ形式でロジックモデルを実際に作成してみるのが最も効果的です。

以上のようにロジックモデルをコミュニケーション・ツールとして活用し、協働のしくみ作りを行うことで、行政・市民・議会の関係性をパートナーシップ型に改革することが可能になります。また行政内に根づよく残る縦割りの弊害を克服し、全庁的な取り組みによって行政職員が主体的に行動する契機となり、意識も変わっていくことが期待されます。 （海川）

ケーススタディ ＃１

協働型マネジメント・サイクルを回すコミュニケーション・ツール

東海市（愛知県）
面積43.43㎢　人口114,675人
（2020年12月）

東海市は、マネジメント・ツールとして複線フローチャート型ロジックモデルを総合計画に活用しました。また東海市では、はじめからロジックモデルを活用することが前提だったわけではなく、総合計画を運用する過程でいわば〝必然的に〟導入されたことが特徴的です。

１．第５次東海市総合計画策定のプロセス

東海市の第５次東海市総合計画（2004（平成16）－2013（平成25）年）策定の背景には、2001（平成13）年５月に初当選した鈴木淳雄市長のリーダーシップがあります。鈴木市長は「協働・共創のまちづくり」をモットーに、行政経営に市民参加のしくみを取り入れたいと考えていました。市長の意向を受けて、第５次東海市総合計画策定の際に特に重要視されたのは、①マネジメント・サイクル（PDCA）を構築すること、②市民参加で総合計画の進捗管理を行うことです。す

なわち東海市は、「協働型マネジメント・サイクル」というべきしくみを構築することを目指しました。

東海市は、市民参加のしくみをつくる準備段階として2002（平成14）年2月に市民参画推進委員会を立ち上げました。市民参画推進委員会の委員は任期を2年とし、公募25名、地区代表者、商工会議所・農協代表者など22名、学識経験者3名の合計50名で構成されました。

マネジメント・ツールとしてのロジックモデルに最も重要なのが、「成果目標」と目標達成までの進捗状況を測る「成果指標」です。東海市はロジックモデルを導入する前に、この成果目標と成果指標を市民参画推進委員会で設定しました。

2．政策マーケティング

成果目標の設定において、東海市は2002（平成14）年4月から7月にかけて、市民のニーズ調査から始める「政策マーケティング」を実施しました。当時、政策マーケティングはすでに青森県で実施されており、東海市では青森県の事例を参考にしました。この政策マーケティングによって、成果目標となる「生活課題」を設定したために、後にロジックモデルを作成する際に「最終成果」として活用することができたのです。

政策マーケティングは、最初にさまざまな属性（小学生、中学生、高校生、20代の青年、30代～70代の主婦、会社員、自営業者、定年退職者等）の市民を属性ごとに6～8名程度のグループに分けて、グループインタビューを実施します。ここでは、インタビューを受けた市民が感じている身近な生活課題を網羅的に洗い出します。それらすべての課題を同じ方向性を持つ施策レベルの生活課題に整理、統合して、100前後の生活課題リストを作成します。

この生活課題をグループ化して、それぞれのグループの方向性を端的に表現するキーワードをつけます。そして、これらのキーワードとキーワードに属する生活課題を選択肢とした市民アンケート調査を行いました。東海市では、16歳以上の市民から無作為抽出した3500人にアンケート用紙を配布したところ、1615人より回答が得られました（回答率46.1%）。

この回答結果から、最も重視しているキーワードの上位5つを総合計画の基本理念として採用し、それぞれの理念を実現するために重要だと思われる生活課題上位5つと、その他特に重要度が高いと評価された生活課題を13加えて、合計38

の生活課題に絞り込みました。この38の生活課題に対応するかたちで、第5次東海市総合計画において39の市民施策が決定され、これらと市長の政治的理念や行政として取り組むべき行政側の14施策を合わせて、第5次東海市総合計画に掲げる53施策を決定しました。

東海市では、総合計画の成果目標が市民のニーズを可能な限り反映したものであるという点と、それに対応するかたちで施策が決定されている点が特徴的です。

3．まちづくり指標

38の生活課題の達成度を数値で点検するために、2002（平成14）年10月～12月に市民参画推進委員会は、99のまちづくり指標を作成しました。まちづくり指標は、5つの分野別部会（生活環境、保険・医療・福祉、教育・学習、産業、都市基盤）ごとに委員とその分野に関係する行政職員が協議を重ねて、次の3つのステップの手順で作成されました。

ステップ1は、生活課題が達成されている状態をさまざまな立場や環境から検討する作業を行います。ステップ2は、それぞれの生活場面からあらゆる指標を網羅的に洗い出す作業を行い、ステップ3で生活課題の達成度を測る「ものさし」として最もふさわしい指標を取捨選択します。まちづくり指標の選定では、客観的な統計的指標（20歳以上の特定疾病患者数など）と主観的な市民満足度指標（健康であると感じている人の割合など）を組み合わせて、生活課題の改善状況をさまざまな角度から把握できるように工夫されました。

また市民参画推進委員会は、「めざそう値」と「役割分担値」を設定しました。めざそう値は、まちづくり指標をもとに5年後、10年後の現実的目標を数値化したものです。どの水準の数値目標が適切であるかを明らかにするため、5つの分野（基本理念）ごとにその分野の活動に関わっている関係者・当事者（各分野20人、計100人）にアンケート調査を行い、その中央値をめざそう値として設定しました。また役割分担値は、まちづくりにおいて責任を担うべき主体を8つ（「個人・家庭」「NPO・市民団体」「コミュニティ・町内会」「企業・農協・商工会議所」「学校」「市」「県・国」「その他」）に分類し、各分野の関係者・当事者へのアンケート調査を行い、指標の改善に関して8つの各主体に期待する役割の程度を数値化したものです。

4．ロジックモデルの活用

第５次東海市総合計画では、成果目標とまちづくり指標に基づくPDCAサイクルの構築がめざされました。2004（平成16）年３月、市民参画推進委員会は活動を終了し、後継組織として「まちづくり市民委員会」が設立されました。まちづくり市民委員会の役割は、市民参画推進委員会で策定したまちづくり指標を活用した「協働・共創によるまちづくりの推進」です。まちづくり市民委員会は、年３回一般公開で開催される「まちづくり大会」（評価の大会７月、提案の大会10月、確認の大会３月）という行政と市民の議論の場で、生活課題とまちづくり指標を活用し、評価―改善―企画立案―実施の協働型のマネジメント・サイクルを確立することを目指しました。

評価の大会では、まちづくり指標の数値の推移から生活課題の改善状況を確認し、まちづくりの進捗状況を行政と市民の双方が評価しました。提案の大会では、生活課題の改善に効果のある新たな事業などを市民が提案し、確認の大会では、市民の提案事業について、行政がどのように対応するか（予算への反映等）を確認しました。

その過程において、実施事業が生活課題・施策に対して有効かどうか、有効でない場合はどのような事業が有効なのかを検証することが必須となりました。検証のためには、実施している事業が生活課題・施策にとって有効かどうかを理論的に判断する「ツール」の必要性が浮き彫りになったのです。そのために、生活課題と事業の間の因果関係を１枚の図で表し、事業の有効性を確認するために行政と市民の「コミュニケーション・ツール」として活用されたのが、ロジックモデルです。

市民側は、各部会でまちづくり指標の数値に基づき施策の評価を行い、また自分たちが新たに提案する事業案が市の課題の解決に貢献するかどうかをロジックモデルで検討し、まちづくり大会の場で説明しました。市民はロジックモデルによってアウトカムの考え方を学び、要求するだけの提案ではなく、提案した事業が論理必然的であることが重要だとの気づきを得ました。また行政側でも、予算編成のための施策の優先順位づけに説得力を持たせるため、ロジックモデルの活用を試みました。

東海市では、副市長、教育長、総務部長および企画部長で構成される施策評価委員会において、53施策のどこに改善が見られ、どこが停滞・悪化しているかを検証し、重点施策、最重点施策、重点指標が決定されます。

最重点施策に関しては、各課はロジックモデルに基づき施策の改善に関する考え方を企画部に説明することが求められました。そのときに使用されるのが、「重点施策改善シート」です。このシートには、まず施策と施策をより具体的に表現した単位施策（「きれいな空気を保全する」という施策に対し、①大気汚染を監視する、②きれいな空気を守るなど）の評価と改善策の概要を明記し、ロジックモデルにおける直接の結果—短期成果—中期成果—長期成果のそれぞれに評価を記入します。

次にロジックモデルに従って既存の事務事業群を見直し、新規に提案する実施計画事業とその評価、目標とする成果指標の数値などを記入します。最重点施策については、ロジックモデルを活用した有効性評価をもとに、指標の改善に有効な事業の提案が求められました。また事務事業の改善と成果指標の向上を目的として、最重点施策に係る主管課と関係課の職員を対象に施策別検討会が開催され、ワークショップ形式でロジックモデルの作成・点検の研修が実施されました。この重点施策から予算配分の順番を決定しており、施策ごとに予算枠が決められました。

また個々の事務事業については、成果が見込まれる事業の優先順位を決めて枠内で調整されました。優先順位の判断の際には「まちづくり指標」を活用し、指標の趨勢の分析を行うとともに、社会環境の変化等から見た重要性の評価、および単位施策の目標達成のための貢献度や成果が見込める余地などの観点から、単位施策内の事務事業の優先順位や改善の方向性を企画部で確認しました。

以上のように、東海市の複線フローチャート型ロジックモデルは、「協働型マネジメント・サイクル」の実現に貢献しました。つまり、ロジックモデルをコミュニケーション・ツールとして活用することで、PDCAサイクルを構築し、市民参加で総合計画の進捗管理を行うことが可能になることが示された事例と言えます。

また、コミュニケーション・ツールとしてロジックモデルを有効活用するためには、政策とその成果の因果関係を示すエビデンスが必要不可欠です。まちづくり大会においてエビデンスとして使われたのがまちづくり指標であり、エビデンスに基づく市民と行政の議論の場は、行政経営の透明性と説明責任の確保という観点からも意義があるものです。市民が行政の活動内容に踏み込み、「施策が期待した成果をあげたかどうか」を事後評価することで、行政の担当課の説明責任を問うという側面もあわせ持っています。

≪コラム①≫ロジックモデルの導入で留意すべきこと

1．マネジメント上の必要性と位置づけ

ロジックモデルは、効果的な自治体経営を行っていくための道具です。効果的な自治体経営を行うためには、組織としての意思決定のスキームが求められます。意思決定にあたり何らかのツールを活用する際、そのツールの導入自体が目的になってしまうと、うまく機能しません。ロジックモデルの導入を急ぐあまりに、評価や総合計画の主管課でロジックモデルの原案を作成し、原課に照会して確定するという手法をとったとします。ロジックモデルの意義・意図を理解していない原課が、課内で十分議論を行わずに評価や総合計画の主管課に戻してしまうのであれば、ロジックモデルが機能しないのは当然のことです。

自治体は、意思決定のしくみの中で、ロジックモデルを活用することの可能性と、活用にあたっての課題を認識し、なぜ活用するのかをあらかじめ共有する必要があります。さらに、ツールの精度向上に向けた検証と改善に継続して取り組むことが求められます。「何のために」が見えていないと、また、「何に使われているか」が明確になっていないと、行政の現場では、「作業のための作業」となってしまい、定着しないものとなります。

政策の意思決定の実務にどのようにロジックモデルを位置づけるか。それはマネジメントに関する事項であり、首長をはじめ幹部職員の理解が不可欠です。と同時に、現場の理解と参画を得ながら、官房系部署の合理的な制度設計と進捗管理がなければ、長期的な取り組みとしていくことが難しいです。仮に、首長の方針によりトップダウンで取り組む場合、一時的には全庁的に取り組まれやすくなっても、長期的には機能しなくなる可能性があります。

2．ロジックモデルに対する継続検証

ロジックモデルは、政策の実現過程を可視化していくものです。エビデンスに基づく政策の意思決定を行う際、ロジックモデルの活用が前提となります。最初に作成したロジックモデルは、継続して見直しをして、精度を高めていくことが求められます。「作成しただけ」ではマネジメントの中で活用できないことに留意しなければなりません。市民参画や市民協働のコミュニケーション・ツールとしながら、内部検証を重ねマネジメントに反映させていくことが必要です。外部有識者の助言を得ていくことも有効な手法です。

ロジックモデルがしっかりしていないと、成果の定義だけでなく、成果の定義を表す指標も正しく設定できないことにつながります。その結果、PDCAサイクルにおいて、C（Check）が疎かになるとともに、政策の精度を高めるP（Plan）の実現にもつながりません。

3．政策調整の際の執行体制の議論

自治体は総合計画に基づき政策を推進します。したがって、総合計画は自治体政策の各領域を包括的に統合化したものであり、政策の網羅性が求められます。しかし、現状では必ずしも各政策と行政組織が1対1に対応しておらず、中には組織横断的な政策も見受けられます。このため、総合計画自体の体系や執行体制に留意し、これらを密接不可分のものとしてどうあるべきかの検討が必要となります。ロジックモデルによって可視化された因果関係をエビデンスによって検証を重ねると、総合計画の政策体系や組織のあり方の課題が浮き彫りになります。

4．人材育成や研修

幹部職員も官房系部署の職員も、人事異動によりいずれは刷新されます。庁内全体で、ロジックモデル活用の必要性と実務上のスキルを維持していくためには、常に庁内を実務面でリードできる人材を確保したり育成したりしていくこと、そしてロジックモデルの必要性について意識啓発するため全職員を対象とした研修を行っていくことが必要です。これがないと、ロジックモデルの導入は形骸化してしまうでしょう。（高橋）

第２章

ロジックモデルを作ってみよう

→→→→→→→→→→→→→→→→→→→→→→→→→→→→→→→→

1 ロジックモデルを作るにあたって

（1）ロジックモデルを作る動機やきっかけ

第１章では、EBPMの実践や行政運営のさまざまな場面においてロジックモデルが有用であることを述べました。ロジックモデルが有用だとしても、その利用の仕方にはいろいろな場合が想定されます。詳しくは第３章で解説しますが、たとえば以下のような場合にロジックモデルを作成する可能性があります。

- 計画の策定・見直しをする場合
- 施策や事業の立案や見直しをする場合
- 評価制度の運用の一環として、施策や事業の評価をする場合
- 新規事業の構想を庁内で説明する場合
- 施策や事業の関係者（他部門や他機関）と情報共有を図る場合
- 施策や事業の必要性や有効性に関して、庁内外から寄せられる質問に対応する場合
- 施策や事業の意義や現状を住民や関係者に説明する場合

上に挙げたのはあくまで一例であり、自治体の実務において、ロジックモデルを作ることが有意義だと想定される場面は無数に考えられます。

どのような場合にロジックモデルを作るかによって、ロジックモデルを作る目的やその利用方法は異なってきます。とは言え、ロジックモデルである以上、どのような場合にどのような目的でこれを作るとしても、共通する特徴や作り方の共通点は存在します。以下では、ロジックモデルを使う場面や用途を限定せずに、ロジックモデルに共通する基本的な作り方を説明します。

ただし、これから説明する内容は「ロジックモデルはこう作るべきである」という拘束力の強いものではなく、むしろ著者たちの経験上、「このようにして作る方がロジックモデルはより有用になりますよ」という提案やアドバイスに近いものであるととらえてください。

(2) ロジックモデルの作り方の「共通の指針」

最初に、ロジックモデルを作るときに留意すべき指針を示します。

① ロジックモデルを作る目的やその使い方を明確にする

自治体において、ロジックモデルはさまざまな目的で作成され、いろいろな使い方をされます。目的や使い方によって、ロジックモデルの作り方や作成されるロジックモデルの形状や内容が異なるものとなる可能性があります。

たとえば、まったく新しい施策を立案するためにロジックモデルを作成する場合は、当初作成するロジックモデルは、実現したい最終成果と想定される達成手段を大まかにつないだ抽象度の高いものとなるでしょうし、作成するロジックモデルも１つだけとは限らないかもしれません。また、この場合はロジックモデルを作る際に、詳細な情報やデータはあまり必要ではなく、むしろ既存の資料にあまり頼らずに、柔軟な思考でロジックモデルの作成に取り組むことが求められます。

一方、既存の施策を評価するためにロジックモデルを作成する場合には、既に実施されている施策が対象となるため、具体性の高いロジックモデルを作成しなければ意味がありませんし、そのロジックモデルは施策の実態を的確に反映したものである必要があります。しかも、その施策に関連する詳細な資料やデータをあらかじめ準備して、それらを参照してロジックモデルの作成に生かすことが求められます。

このようにロジックモデルを作成する目的や用途によって、どのようなロジックモデルの作成をめざすかが変わってきますし、それに伴って、ロジックモデルの作り方も異なってきます。このことから、ロジックモデルを作る場合には、その目的や使い方を十分に明確にしておくことが必要です。

② チームまたは複数のメンバーで取り組む

ロジックモデルを作る場合、たった１人でこれにあたるのではなく、職場の同僚などと一緒にチームとしてこの作業にあたることを推奨します。これにはいくつかの理由があります。

第１に、ロジックモデルを作るのはかなり難易度の高い作業であるため、単独でこれにあたると、途中で作業に行き詰まったり、作成に多大な時間がかかったりすることになりかねません。複数のメンバーで作業に取り組むことにより、意見を出し合って協力しながら、困難な作業を乗り越えることができます。

第2に、1人でロジックモデルを作成すると、ロジックモデルがその人の視野や知見の範囲に限定されるため、重要な要素を見落としたものとなったり、偏った内容のものとなったりする可能性があります。複数のメンバーが参加することにより、多様な視野や知見をロジックモデルに反映させることができ、ロジックモデルが独りよがりのものになるのを防ぐことができます。

最後に、ロジックモデルを作る過程は**気づきや学びの宝庫**なので、これを利用しない手はありません。ロジックモデルを作る過程に職場の同僚や関係者が参加することにより、施策や事業についての認識を共有することにつながりますし、ロジックモデルを作る過程を通して、職場内や関係者間のコミュニケーションを図ることもできます。

このように、ロジックモデルを作るときに複数のメンバーが取り組むことのメリットは大きいので、可能である限り、できるだけそのようにすべきです。ロジックモデルの作成に参加するメンバーとしては、施策や事業の担当部門の職員の他に、庁内の他部門の職員、施策や事業に関わる外部組織の担当者などが想定されます。外部の専門家や一般の住民の人に参加してもらうことが有意義な場合もあります。

なお、ここでは複数の関係者が参加してロジックモデルを作成することを推奨しましたが、担当する施策や事業のロジックモデルを個人で作ってみることを否定するものではありません。職場で誰かに言われたからではなく、自身の担当する施策や事業の参考にしたいという思いから、個人で自発的にロジックモデルを作るのは大変望ましいことですし、多くの職員にこのような姿勢でロジックモデルを利用して欲しいものです。ただし、このような場合でも、自分だけで作ったロジックモデルには一定の限界があることを認識した上でこれを利用することや、できれば同僚や他の人に見てもらって、そのロジックモデルに対して意見やアドバイスをもらうことが重要です。

2 代表的な類型のロジックモデルの作り方

(1) 事業のロジックモデル（単線フローチャート型）

本節では、さまざまな類型のロジックモデルのうち、代表的な3つのタイプのロジックモデルの作り方を説明します。

最初に取り上げるのは、事業のロジックモデルです。第1章で取り上げた駅前の放置自転車対策を例にとれば、これは複数の事業を組み合わせた施策ととらえることができます。このうち「駐輪場の整備」という事業に注目すると、これに関するロジックモデルは**図表2－1**のように書くことができます。このロジックモデルは、第1章の**図表1－5**（19ページ）に示した要素のうち、「駐輪場の整備」という事業活動に関連するものだけを取り出して、左から右に並べたものです。

事業のロジックモデルを作成することに関する留意点は次のとおりです。

① フローチャートの図式化の方向

事業のロジックモデルに限らず、フローチャート型のロジックモデルを作るときには、左側に投入や活動、産出を配置し、右側に成果（直接成果、中間成果、最終成果）を配置し、左から右に向かって**因果関係**が働くように図式化するのが一般的です。特に書き方の決まりがあるわけではありませんが、西洋式の横書きが普及しているために、フローチャートも左から右に向かって流れるように書くことが定着しているものと思われます。

一方、垂直方向に要素を配置してフローチャート型のロジックモデルを書

図表2－1　事業のロジックモデル（単線フローチャート型）の例

			成　果		
投　入	活　動	産　出	直接成果	中間成果	最終成果
駐輪場整備費 駐輪場用地 →	行政が駐輪場を整備する →	駐輪可能台数が増加する →	駐輪場の利用者が増加する →	放置自転車が減少する →	歩行者の通路・安全が確保される

く場合もあります。この場合は、下から上に向かうように書く場合（最終成果は上方に配置されます）と上から下に向かうように書く場合（最終成果は下方に配置されます）の両方があります。垂直方向のフローチャート型の場合はどちらの方向（下から上か、あるいは上から下か）が一般的ということはなく、好みや利用目的によって使い分けられているようです。

なお、フローチャートを水平方向に書くか、垂直方向に書くかは、ロジックモデルを作るときの作業条件（使用するホワイトボードや紙面の形状等）や最終的な利用方法や掲載方法（どのような様式で文書化するのか等）によっても規定される場合があります。

② 「投入」の表記方法

図表2－1のロジックモデルは、投入から最終成果まで６つの要素から構成されています。ただし、フローチャート型のロジックモデルにおいては、投入の要素を省略することがしばしばあります。事業活動のために投入する資源を詳細に拾い上げていくと、いろいろな要素を図に示さなくてはならないので、図が煩雑になるのを避けるためには、投入の要素を割愛することになります。

一方、ロジックモデルに投入の要素が示されていても、「人」「物」「予算・事業費」というように、具体性に欠ける項目を示しただけの例も見受けられます。このような場合は、ロジックモデルに投入の要素が示されている意味があまりありません。

ロジックモデルに投入を示すか省略するかは、ロジックモデルを作るときの状況に応じて判断します。たとえば、投入するのが何であるかは重大な関心事ではなく、むしろ事業を実施することがどのようなプロセスを経て最終成果につながるかを検討することに重点が置かれている場合には、ロジックモデルに投入を示す必要性は高くありません。

一方、事業の実施のために特別な投入資源が必要となる場合には、そのことを意識できるように、ロジックモデルに投入を示すことが適切です。そうでない場合でも、ロジックモデルに投入を示すことにしていれば、どのような要素を投入する必要があるかを検討することにつながり、結果として重要な投入要素を思いつくことがあるかもしれません。

なお、投入をロジックモデルに示す場合には、あらゆる投入項目を図に盛り込む必要はなく、代表的な投入項目を図示するだけで十分な場合がほとんどです。

③ 成果の区分について

図表2－1では、成果の段階を**直接成果・中間成果・最終成果**の3段階に区分しています。これらの段階別の成果は、事業活動を実施した後の時間の経過におおむね対応しています。

この場合も、成果を常に3段階に区分しなければならないとは限りません。事業活動の成果が短期間のうちに明確に現れ、しかもその成果が最終成果にかなり直接的につながるような場合には、成果の段階を直接成果・最終成果の2段階に分けても差し支えないでしょう。逆に、事業活動の成果が時間をかけてじわじわと波及的に影響をもたらすような場合には、中間成果の段階をさらに細かく分けることもあり得ます。

図表2－1で示したロジックモデルはあくまで基本形であり、対象となる事業の性格やロジックモデルを作成する目的によって、不要な要素を取り除いたり、必要な要素を追加したりしても構いません。

④ 影響要因の記載

必要な要素を追加すると言えば、事業の活動以外に成果等に影響を与える要因を考慮して、ロジックモデルに他の要素とあわせて重要な影響要因を記載する場合があります。

図表2－2は、**図表2－1**に影響要因を追加した例です。この図では、駐輪場の整備事業についてのロジックモデルに対して、投入から最終成果までをつなぐ（A）～（E）の矢印のうち、4か所で影響要因が追加されています。

まず、投入と活動を結ぶ矢印（A）に対して、建設単価の動向と地価の動向という影響要因が想定されています。建設単価の大幅な上昇は、駐輪場整備費の十分な予算確保を困難にして、整備する駐輪場の規模や仕様に影響を与えるかもしれません。また、地価が上昇する局面では、地権者が駐輪場用地の売却に対して消極的な姿勢をとるために、用地買収に遅れが生じて、駐

図表2－2　影響要因を追加した事業のロジックモデル

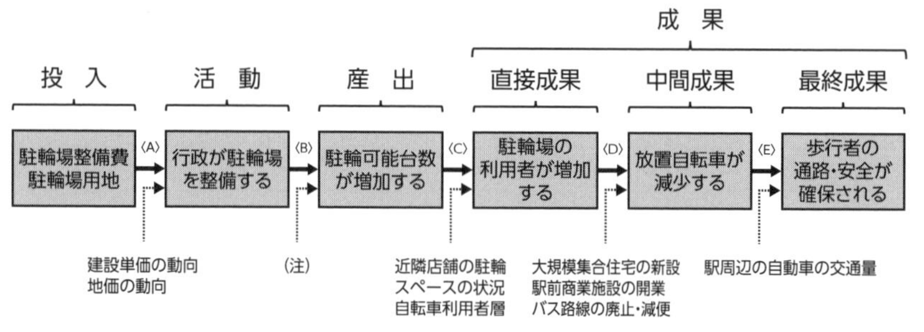

注：活動と産出の間（B）にも影響要因が介在する可能性があるが、この事例では「駐輪場の整備」（活動）が「駐輪可能台数の増加」（産出）にほぼ直結するため、影響要因を図に示していない。

輪場の整備スケジュールを大きく遅らせる可能性があります。

次に（C）（産出から直接成果）では、近隣店舗の駐輪スペースの状況と自転車利用者層という2つの影響要因が示されています。駐輪場を整備して駐輪場所が増えたとしても、近隣の店舗前に駐輪しやすいスペースが存在すれば、あえて駐輪場を利用しようとする人は少ないかもしれません。自転車利用者層も駐輪場の利用者が増えるかどうかに影響を与える要因と考えられます。たとえば、駅までの自転車利用者に通勤・通学者が多いか買物目的の人が多いか、あるいは自転車利用者の年代はどの層が多いかによって、駐輪場の利用状況が影響を受ける可能性があります。

（D）（直接成果から中間成果）では、首尾よく駐輪場の利用者が増えたとしても、大規模集合住宅の新設や駅前商業施設の開業によって駅の利用者が大幅に増えた場合には、放置自転車が期待したようには減少しないかもしれません。また、既存のバス路線が廃止・減便される事態が発生した場合、駅までの自転車利用者が新たに増えて、放置自転車の減少につながらないこともあり得ます。

最後に（E）（中間成果から最終成果）では、駐輪場の利用者が増えて駅前の放置自転車が減少するという本事業がめざした中間成果が実現したとしても、駅周辺の自動車の交通量というまったく別の要因によって、歩行者の通路・安全の確保という最終成果が達成されない可能性があることを示しています。

ロジックモデルに影響要因を示すことの利点は、事業の活動以外の要因が最終成果に至る経路に影響を与える可能性を考慮して、事業を実施したり、あるいは事業を評価したりすることができる点です。

（2）施策のロジックモデル①（複線フローチャート型）

次に、施策のロジックモデル①は、事業のロジックモデルと同様にフローチャート型のロジックモデルです。事業のロジックモデルは単独の事業を対象として書いたロジックモデルであるのに対し、施策のロジックモデル①は、事業のロジックモデルを複数組み合わせたような形状をしています。これは、施策が複数の事業を組み合わせたものであることを考えれば当然のことです。

これまでと同様に、駅前の放置自転車対策を例にとって施策のロジックモデル①を書いたものが**図表2－3**です。**図表2－3**に示したのは、第1章の**図表1－5**に示されているほぼすべての要素です。

施策のロジックモデル①を作るときの留意点は、次のとおりです。

①　基本的な作り方

前項で説明した事業のロジックモデルと施策のロジックモデル①は、フローチャート型であるという点が共通しているため、基本的に同じ原理で作られています。したがって、事業のロジックモデルの項で説明した作り方や留意点は、ほぼそのまま施策のロジックモデル①にもあてはまります。

すなわち、ロジックモデルの図式化の方向は、紙面上で左から右に向かって因果関係が働くように書くことも可能ですし、垂直方向（下から上へ、または上から下へ）に図式化することもあります。投入の要素についても、表示することも省略することも可能ですが、施策のロジックモデル①の場合は、投入までを図に含めると複雑になりすぎるきらいがあることから、投入を省略する場合が多いようです。成果についても、3段階以上に区分することもありますし、逆に図の煩雑化を避けるために、段階の数を減らす場合もあります。

図表2－3　施策のロジックモデル①（複線フローチャート型）の例

			成果		
投入	活動	産出	直接成果	中間成果	最終成果
自転車整理員関係費用車両の手配 →	行政が自転車整理員を派遣する →	自転車整理員が自転車撤去作業を実施する →	放置自転車が撤去される →		
職員（巡回要員） →	行政が職員を駅前に派遣する →	職員が駅前の巡回を実施する →	自転車の放置が抑制される →	放置自転車が減少する →	歩行者の通路・安全が確保される
駐輪場整備費駐輪場用地 →	行政が駐輪場を整備する →	駐輪可能台数が増加する →	駐輪場の利用者が増加する →		

② 作り方のパターン

事業のロジックモデルの作り方と施策のロジックモデル①の作り方に根本的な違いはありませんが、施策のロジックモデル①は形状が複雑になるため、これを作る際には工夫が必要です。その使われ方によっても、特別な作り方をする場合もあります（研修やワークショップにおいてロジックモデルを作成する場合など）。

以下に、施策のロジックモデル①の作り方のパターンをいくつか示します。説明の便宜上、左側から右側に向かって水平的に因果関係を示すタイプのロジックモデルを作る場合を想定した説明とします。

１つ目の作り方は、ロジックモデルを左から右方向に順番に作成していく方法です。つまり、投入や活動を最初に設定し、次に産出、その次に直接成果、中間成果、最終成果という順序で因果関係の起点から結果までを順にたどってロジックモデルを作成していくことになります。

これはわかりやすい方法のようですが、施策を構成する事業の内容と事業どうしの関係性や施策のめざす最終成果についてかなり明確なイメージを持っていない限り、この方法でロジックモデルを作るのは困難です。施策の全体像について明確なイメージをつかんでいない場合は、この方法でロジックモデルを作り始めても、図がうまくまとまらずに作業が途中で止まってしまうことになりがちです。あらかじめ施策の全体像を明確に理解しており、それを図示して確認してみたいという場合に限られる作り方です。

2つ目の作り方は、1つ目とは逆で、右から左へとロジックモデルを作成していく方法です。つまり、最初に最終成果を設定し、その後、因果関係の連鎖を上流方向にたどって、中間成果、直接成果、産出、活動、投入の順に設定していく作り方です。

このような方法で作成するのは、自治体の達成したい最終成果がはっきりしており、その最終成果を実現するためにどのような活動を行うべきかを白紙に近い状態で検討したい場合が該当します。第1章4節において、総合計画の策定時に自治体の最終成果を設定し、これを達成するために何をすべきかを戦略的に検討する際にロジックモデルを利用できると述べたのは、まさにこの作り方をする場合にあたります。また、この後で説明する施策のロジックモデル②（体系図型）もこのような作り方をする場合が多いようです。

3つ目の作り方は、左から右へ、あるいは右から左へという一方向ではなく、両方の方向を併用してロジックモデルを作る方法です。

たとえば、現在実施している事業があり、さらに、めざすべき最終成果もはっきりしているが、その事業が最終成果の達成にうまくつながるかどうかがわからないとします。この場合、ロジックモデルの左側、すなわち投入や活動、産出は比較的容易に設定することができます。一方、ロジックモデルの一番右側に配置される最終成果も既に決まっています。ロジックモデルの両端の項目が設定できるので、投入→活動→産出→直接成果→…と左から右に向かって検討する一方で、最終成果→中間成果→直接成果→…と右から左に向かって検討することが可能です。このように因果関係の連鎖を上流→下流と下流→上流と両方向から同時並行的にたどることにより、ロジックモデルを完成させることができます。

このようなロジックモデルの作り方は、施策を評価する場合や新規の施策や事業を立案する場合に用いられます。また、本章の5節で紹介する**トップダウン・ボトムアップ・アプローチ**は、フローチャート型ロジックモデル（施策のロジックモデル①）と体系図型ロジックモデル（施策のロジックモデル②）を組み合わせたものですが、ロジックモデルの作り方は、ここで説明したように因果関係の連鎖を一方向ではなく両方向から検討するものです。

なお、ロジックモデルを両方向から作成する場合、最終成果から因果関係の上流に向かってさかのぼって設定した項目と投入や活動から因果関係の下流に向かって設定した項目がうまく一致しない場合があります。つまり、最終成果からさかのぼって設定した直接成果と事業の活動や産出から導出される直接成果に乖離や齟齬が生じるような事態です。このような事態が発生した場合には、想定している事業がめざす最終成果に結びつかない可能性があることを示唆しているので、無理につじつまを合わせてロジックモデルを作成するのではなく、事業そのものを見直すことが必要になります。

③ 作成の参加者

施策のロジックモデル①を作る場合は、事業のロジックモデルを作る場合に比べて、関係者（所管・共管部門の職員や関係機関の職員など）が多くなるため、ロジックモデルの作成にもより多くの人が参加することになる可能性があります。そのような場合は、ワークショップに近い会議形式で作業を行うほうが効果的ですし、作業を行う場所や使用器材・備品も適切なもの（広い会議室でホワイトボード、模造紙、付箋紙などを使用する）を選ぶことが必要になります。第２章４節と５節では、ワークショップ形式や職場内研修においてロジックモデルを作成する場合の具体的な方法や手順を解説していますので、参考にしてください。

（３）施策のロジックモデル②（体系図型）

最後に、別のタイプの施策のロジックモデルの作り方を説明します。このロジックモデル（施策のロジックモデル②）は、先に説明した施策のロジックモデル①（フローチャート型）と同様、ツリー型の形状をしており、外形的には似ている面もありますが、表型やフローチャート型とは異なり、「体系図型」と呼ばれる形状をしています。

図表２－４は、地域の一般廃棄物対策という施策を例にとって体系図型のロジックモデルを書いたものです。このロジックモデルでは、図示される要素が「上位目的」「中位目的」「下位目的」「個別手段」という名称に分類さ

図表２－４　施策のロジックモデル②（体系図型）の例

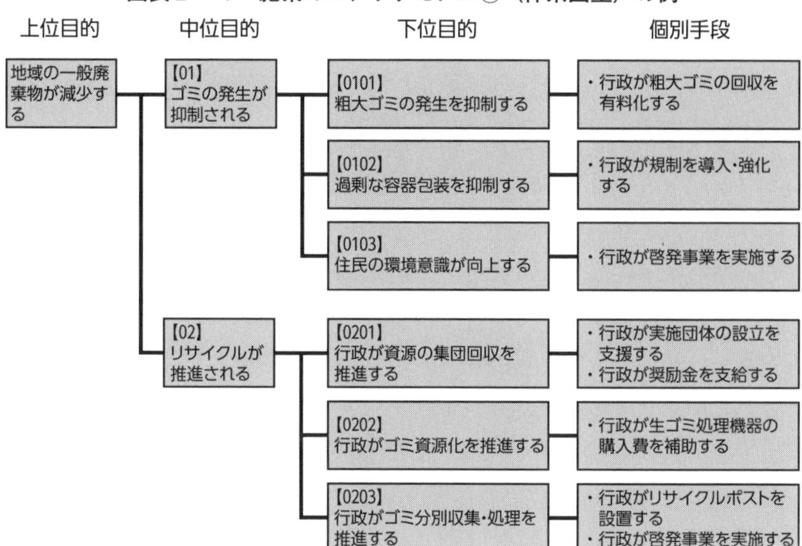

れており、**目的と手段の関係**に着目して構成されています。

ロジックモデルを構成する各要素の間が矢印ではなく実線で結ばれていることから、因果関係の方向性を意識したものというよりは、上位の目的とこれを達成するための手段（下位の目的）の連鎖する関係を図式化したものと言えます。自治体の総合計画に示される政策体系の図と外形的にはよく似ていますが、総合計画の政策体系は、政策の内容を大きなまとまりからより小さなまとまりへと細分化しただけの分類体系となっている場合も多いのに対して、体系図型のロジックモデルは図全体が目的と手段の関係に基づいて構成されています。また、フローチャート型のロジックモデル（施策のロジックモデル①）との類似性も認められますが、左端に上位目的が置かれ、右方向に向かって下位の目的や達成手段にさかのぼるようになっています。

体系図型のロジックモデルは、「『目的から出発して必要な手段を考える』という発想を最も徹底したもの」（20ページ）とされています。このことから、体系図型のロジックモデルの場合には、つぎのような作り方をします。

最初に、ロジックモデルの最も左側に配置される上位目的を設定します。

図表2－4では、「地域の一般廃棄物が減少する」が上位目的に相当します。

次に、これを達成するための中位目的を検討します。中位目的は上位目的を達成するための手段として位置づけられるもので、1つとは限りません。**図表2－4**では「ゴミの発生が抑制される」と「リサイクルが推進される」という2つの中位目的が設定されています。

さらに下位目的を設定します。中位目的の場合と同様に、下位目的は中位目的を達成するための手段として位置づけられるものです。**図表2－4**では、2つの中位目的に対してそれぞれ3つずつの下位目的が示されています。

最後に、それぞれの下位目的に対して、それを達成するための個別手段を検討して設定します。**図表2－4**では、「粗大ゴミの発生を抑制する」という下位目的に対して「行政が粗大ゴミの回収を有料化する」という個別手段が設定されています。「行政が資源の集団回収を推進する」という下位目的に対しては、「行政が実施団体の設立を支援する」と「行政が奨励金を支給する」という2つの個別手段が当てられています。

このように、施策のロジックモデル②（体系図型）においては、より上位の目的から検討を始めて、その目的を達成するための手段、つまり下位の目的を設定するといった順序で次々に作業を進めていきます。前項の②で説明したロジックモデルの作り方のパターンのうち、2つ目の作り方（因果関係の連鎖を下流から上流にさかのぼって検討する）にあたります。

このような作り方をすることにより、既存の事務事業を既成事実化することを避けて、上位目的から順に説き起こして、目的を達成するために最適な手段を導くことが可能になります。このような性格から、総合計画を抜本的に作り直す場合や住民に参加してもらって施策のあり方について議論を深めることをめざす場合などに適したロジックモデルと言うことができます。

（4）表型のロジックモデルについて

以上では、代表的な3つのロジックモデル（事業のロジックモデル、施策のロジックモデル①、施策のロジックモデル②）の作り方を説明しました。第1章で紹介した4つのロジックモデルの類型のうち、表型のロジックモデルについては作り方を示すことは特にしません。第1章で説明したように、表型のロジックモデルは、投入、活動、産出、直接成果、中間成果、最終成果の6つの要素を表形式で区分して示し、各要素の欄に該当する項目を列挙することにより、比較的容易に作ることができます。

本書の著者たちは、どちらかと言えばフローチャート型や体系図型のロジックモデルの方が有用性が高いと感じています。とは言え、表型のロジックモデルには作りやすさの点で大きなメリットがあります。特に、行政の活動が最終的な成果に至るまでの各要素間の関連性を十分に検討していない段階においては、表型のロジックモデルであれば、とりあえずは思いついた要素をリストに加えていけばよいので、ロジックモデルを作る初期の作業として取り組みやすさがあります。このため、最終的にはフローチャート型や体系図型のロジックモデルの作成をめざす場合でも、その準備作業として、最初に表型のロジックモデルを作ってみることがあります。

3 ロジックモデルの作成で気をつけたい2つのポイント

(1) 活動・産出・成果の区別

本節では、ロジックモデルの作成に関連して重要な2つのポイントについて補足的に解説します。2つのポイントとは、活動・産出・成果の区別の問題と指標の設定の問題です。

最初に活動、産出、成果の区別の問題について取り上げます。行政内部で事業や施策を評価する際に、活動、産出、成果を区別することが難しいという声をよく聞きます。

これまで説明してきたように、ロジックモデルは投入、活動、産出、成果といった要素を図式化したものなので、ロジックモデルを的確に作成することができれば、活動、産出、成果を区別できたことになります。しかし、ロジックモデルを作るときにも、記載する要素が活動、産出、成果のいずれであるかを区別しなければならないので、事業や施策を評価する場合と同じ問題を抱えていることになります。

そもそもロジックモデルは、行政が実施した行為が客体に対して影響をもたらす連続的な過程を想定した上で、これをいくつかの要素に簡略化して図式化したものです。もともと連続的な過程を前提としているため、ロジックモデルに記載する要素を明確に区別することが難しいのは当然のことです。

ロジックモデルを作るときにまず重要なことは、図を構成する各要素が活動・産出・成果のどれにあたるかは別にして、その事業や施策において重要な要素がロジックモデルに確実に記載されていることです。ロジックモデルに重要な要素が書き出されていれば、多くの場合はロジックモデルとしての用を十分になします。

とは言え、ロジックモデルを作るときに、活動・産出・成果を的確に区別できることも重要です。ロジックモデル上で活動・産出・成果が明確に区別できていれば、産出指標と成果指標を区別して設定することも容易になります（ロジックモデル上で活動・産出・成果が区別されている場合、活動に対しては指標を設定せず、産出と成果について指標を設定するのが一般的です）。

例を用いて活動・産出・成果の区別を説明します。**図表2－5**は防災対策研修事業のロジックモデルの例です。これは地域の防災体制を強化するために、県が主催して、市町村の防災担当者を対象として行う研修事業を想定しています。

図表2－5において、活動にあたるのは「行政が会場を手配する、行政が講師を手配する、行政がテキストを印刷する、行政が開催通知を送付する」です。このように活動とは、行政が直接行う行為を表現したものです。

つぎに産出にあたるのは「行政が研修会を開催する」です。行政が実施した活動の直接的な結果として現れる事象を指しています。活動と産出の区別には難しい面もありますが、この例では、研修会を開催することがこの事業における直接的な目的であるためにこれを産出ととらえ、研修会を開催するために**準備作業**を行うことを活動として区別することができます。

活動と産出に共通するのは、行政が直接的にコントロールできる（あるいは、コントロールしやすい）段階であることです。ロジックモデルにおいて、

図表２－５　防災対策研修事業（市町村担当者向け）のロジックモデルの例

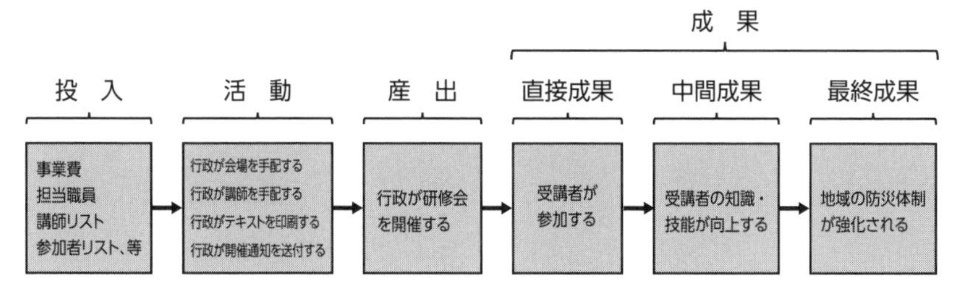

行政が直接手を下して影響を与えることができるのは、投入、活動と産出までの段階ということになります。

この事業の成果は３段階に分かれており、直接成果が「受講者が参加する」、中間成果が「受講者の知識・技能が向上する」、最終成果が「地域の防災体制が強化される」となっています。成果の段階においては、行政が直接コントロールすることは困難になりますが、間接的に影響を与えることは可能です。特に「受講者が参加する」や「受講者の知識・技能が向上する」については、参加の呼びかけの方法や研修内容の工夫によって成果の度合いを高めることができます。ただし、ロジックモデル上で右方向に位置するほど、行政の影響度は弱まっていきます。

しばしば難しいと指摘される産出と成果の区別については、行政が直接的にコントロールできる段階が**産出**であり、行政が直接的にコントロールできないものの、場合によっては間接的に影響を与えられる段階を**成果**と理解しておけば、両者を区別する際に参考になるでしょう。

ところで**図表２－５**の例では、事業の成果が３段階に分かれています。このうち「受講者が参加する」（直接成果）と「受講者の知識・技能が向上する」（中間成果）は、防災対策研修事業を実施することによる事業固有の成果であり、**事業レベルの成果**とみなすことができます。一方、最終成果の「地域の防災体制が強化される」は、もちろん「防災対策研修事業の実施」によって想定される成果ですが、その他の事業や活動（「地域防災計画の策定」や「地域防災組織の整備」等）も並行して実施する場合には、それらの成果としても達成が期待されるものです。つまり「地域の防災体制が強化される」は**施策レベルの成果**ととらえることができます。

このように、成果は特定の事業や活動に固有の事業レベルの成果と、幅広い事業や活動の結果としてもたらされる施策レベルの成果に区別することができます。事業のロジックモデルを作成する場合には、図示するのを事業レベルの成果までにとどめておく方法と施策レベルの成果まで図示する方法があります。どちらの方法をとるかは状況に応じて判断します（どちらが望ましいかは一概には言えません）が、事業レベルの成果までしか図示しない場合でも、その事業の施策レベルの成果が何であるかを検討しておくことは有意義です。

（2）指標の設定

次に、もう1つの論点である指標の設定について説明します。

第1章では、ロジックモデルを作成することにより、評価に用いる指標（業績指標やKPIなど）が設定しやすくなると述べました。そもそもロジックモデル自体が評価を実施するために作成される場合が多いため、ロジックモデルを作るのにあわせて指標を検討することはよくあります。

ロジックモデルを利用した指標の設定方法を説明するために、別の例を示します。**図表2－6**は、地域安全マップ講習会の開催という事業のロジックモデルです。この事業は、地域の治安改善を目的として、自治体が地域の主体（町内会・自治会、住民、NPOなど）を対象として、地域安全マップの作成方法の講習会を開催するものです。このロジックモデルでは、投入と活動を割愛して産出と成果のみを図示しています。

ロジックモデルの形状から、「行政が講習会を開催する」という産出が、「講習会参加者がマップの作成方法を習得する」と「講習会参加者の防犯意識が向上する」という2つの経路に枝分かれして、最終的には「犯罪が予防・防止される」や「地域の治安が改善する」につながることが想定されています。

このロジックモデルでは、産出、直接成果、中間成果（図では2段階）、最終成果が区別されているので、ロジックモデルに描かれている各要素の実

図表2－6　地域安全マップ講習会のロジックモデルと対応する指標

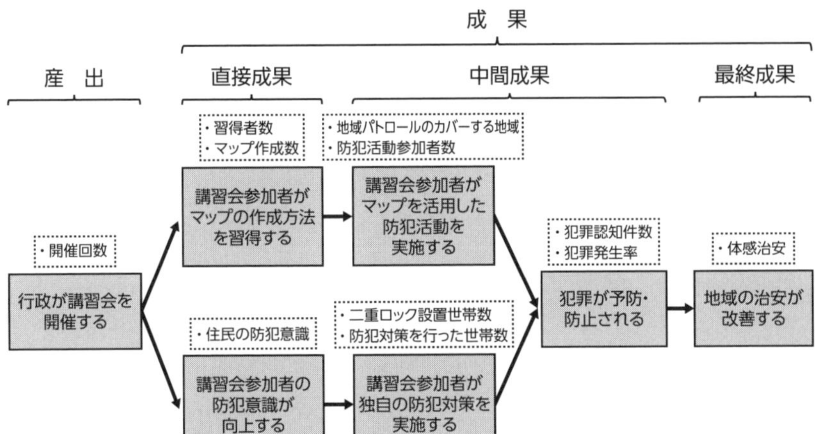

現度合いを量的に計測できるように指標を設定すれば、**産出指標**と**成果指標**を区別して設定することができます。

図表2－6の中で点線の枠で囲ったのが各要素の指標です。「行政が講習会を開催する」（産出）に対しては、「開催回数」という指標が設定されています。「開催回数」はこの事業の産出指標に当たります。

マップ作成方法の習得（直接成果）については「習得者数」と「マップ作成数」という2つの指標があてられています。もう1つの直接成果である防犯意識の向上に対しては、「住民の防犯意識」という指標を設定しています。この指標は、講習会の参加者に対してアンケート調査を行って、講習会に参加後の防犯意識の度合いを計測することを想定しています。

中間成果は2段階に分かれていますが、マップを活用した防犯活動という項目については「地域パトロールのカバーする地域」と「防犯活動参加者数」という指標が、独自の防犯対策については「二重ロック設置世帯数」と「防犯対策を行った世帯数」という指標が、それぞれ設定されています。犯罪の予防・防止という中間成果に対しては、「犯罪認知件数」と「犯罪発生率」という指標が設けられています。

最後に、最終成果である治安の改善に関しては、「体感治安」という指標が設定されています。犯罪の発生状況と住民が体感する地域の安全度には乖離が生じる場合もあることから、この例では「体感治安」を最終成果の成果指標としています。この指標は、住民に対するアンケート調査によって把握されるデータを使用して測定するものです。

この例で示したように、事業や施策の評価に用いる指標は、ロジックモデルの各要素に対応する指標を設定すればよく、しかも、ロジックモデルにおいて産出と成果が明確に区別されていれば、それに応じて産出指標と成果指標の区別も自動的にできることになります。

事業や施策を評価するときに、適切な指標を設定することは難しいですし、ましてや、産出指標と成果指標を区別して設定するのはさらに難易度が高くなります。そのような場合には、まずは事業や施策についてのロジックモデルを作成して、その後に指標を検討するようにすれば、指標を体系的に、しかも重要な指標を漏らすことなく設定することにつながります。同時に、産出指標と成果指標も明確に区別することもできます。

なお、「産出指標」（アウトプット指標）のことを、行政実務では「活動指標」や「結果指標」などと言う場合があります。その場合は、本書の「産出指標」（アウトプット指標）を「活動指標」や「結果指標」などに読み替えてください。

（田中）

4 職場の同僚と一緒にロジックモデルを作ってみる

（1）急がば回れ

ロジックモデルの作成に取り組む自治体の中には、政策企画部門もしくは行政評価担当部門がロジックモデルの原案を作成し、それを原課に照会し成案化しようとする場合も少なくありません。このようにロジックモデルを作成すると、ロジックモデルそのものは比較的早くでき上がりますが、原課では「**自分たちのロジックモデルである**」という認識が醸成されにくく、マネジメントに活用されることはほとんどありません。

また、シンクタンクやコンサルタント業者にロジックモデル案の作成を委託する自治体も見受けられます。コンサル委託が一概に悪いわけではありませんが、職員に受託者を使いこなせる専門性や能力がなかったり、ロジックモデルに関するノウハウや経験が乏しい業者だったりすると失敗します。こうしたことから、時間と労力は多少かかりますが、施策や事業を所管する各職場内で議論しながらロジックモデルを作成するほうが、結局は実り多いものとなります。

(2) 職場内ワークショップ

ロジックモデルは、ワークショップ形式で職場内での議論を楽しみながら作ってみることをお勧めします。

「ワークショップ」は、いまや計画策定やまちづくりにおける市民参加の方法として珍しくありません。にもかかわらず、行政内部では会議や報告に多くの時間が費やされることはあっても、なぜか政策形成過程における職員参加手法としてはあまり積極的に活用されていません。

序論でも述べたように、現行の行政評価制度では評価シートの作成に終始しがちですが、ロジックモデル作成のための「**職場内ワークショップ**」にしっかり取り組めば、質の高い政策的コミュニケーションを通して、問題解決に向けた気づきやアイデアが得られます。その結果、行政評価における「**やらされ感**」や「**負担感**」から解放され、「**やりがい**」や「**達成感**」が味わえるはずです。

(3) 導入教育としての職員研修

物は試しです。まずは本書を手掛かりに、職場内ワークショップの場を設け、所管する施策や事業のロジックモデルを作ってみるとよいでしょう（第2章コラム②『意図的に時間を創り出す工夫』を参照)。もし職場の上司の理解が得難い場合は、第4章もあわせて参照してください。

さらなる展開として、全庁的にロジックモデル導入を試みる場合には、職場内ワークショップに先立ち、導入教育として職員研修を実施しましょう。

実際に職場内ワークショップを行おうとすれば、一般的なワークショップと同様、ガイド役となる**ファシリテーター**が不可欠です。ただし、現状ではファシリテーション技術を有する人材が庁内に不足していることが少なくなく、研修はこうした課題に対応するというねらいもあります。

研修の対象者は、目的によって異なります。たとえば総合計画の策定にあたりロジックモデルを活用して施策体系の構築や成果指標の設定を行う**「実践」のための研修**では、各課の課長または課長補佐級職員が想定されます。この場合、研修後に受講生がファシリテーターとなり、各部署での職場内ワークショップを実施します。

一方で、研修対象者を若手・中堅職員とすることも考えられます。このような場合、受講生である若手・中堅職員が研修終了後に職場内でリーダーシップを発揮して、ロジックモデル作成に関するワークショップを開催するのは容易ではないと思われます。したがって、直ちに実務に活かせなくても、将来の幹部候補職員の育成を目的として、戦略的に毎年度、**ロジックモデルを主眼とした政策形成研修**を実施することが考えられます。

以上の研修内容については、ロジックモデルに関する予備知識をほとんど持ち合わせていないことを前提として、はじめに講義形式によって業績測定やロジックモデルに関する基礎理論の習得をめざします。その後に、少数メンバーからなる複数のチームに分かれてワークショップを行い、職場での政策議論を通じたロジックモデルの作成過程を模擬体験します。なお、研修の実施主体としては政策企画課や評価担当課があたることになりますが、人材育成の観点から職員研修担当課とタイアップすることも有意義です。

（4）職場内ワークショップのチーム編成と場のセッティング

ロジックモデルを作成する施策もしくは事業を選定したら、つぎに行うべきはワークショップのチーム編成です。筆者の経験上、1チームあたりの構成メンバーは5～6名程度が適当です。少なすぎても議論が盛り上がりませんし、逆に多すぎると議論に参加しないフリーライダーを生み出す結果となります。その際、施策や事業を直接担当していない職員をメンバーに加えることも一考に値します。むしろ、そのほうが担当者とは異なった視点で意見がもらえたり、組織内の情報共有が図られたりするからです。

チーム編成が済んだら、議論の場を準備することになりますが、全庁的にロジックモデルを導入する場合は、特に研修後のフォローアップがきわめて重要です。研修の受講者や原課にすべてを委ねてしまうのではなく、政策企画担当課もしくは評価担当課が積極的に原課へ働きかけ、議論の場を設定したり、原課職員に参加してもらったりしましょう。原課の自主性や主体性を尊重するのは言うまでもありませんが、けして原課任せにするのではなく、最初のうちは（少なくとも軌道に乗るまでは）研修受講者であるファシリテーターの補佐役として、政策企画担当課もしくは評価担当課が職場内ワークショップにオブザーバーとして参加するのがよいでしょう。

（5）チームメンバーの役割

職場内ワークショップでは、「ファシリテーター」「事業説明者」「質問者」の三者に分かれます（**図表2－7**）。ファシリテーターには課長または課長補佐級の1名を、事業説明者には事業の内容を最も熟知している担当者1名（担当係長等）をあてます。その他のメンバーはすべて質問者になります。

「ファシリテーター」「事業説明者」「質問者」のそれぞれの役割は、次のとおりです。とりわけ、ファシリテーターの役割が最も重要です。

① ファシリテーター

ファシリテーターは単なる司会者や進行役ではありません。「**学習促進役**」として、チームメンバーの学習や気づきを促進する役割を担います。すなわち、自身の部下や後輩を育成するという観点から、論理的思考能力、指標設定技術、質問力、傾聴力、プレゼンテーション能力、問題発見力といった政策立案・政策評価に関する能力の向上役を担います。また、ファシリテーター自身も、リーダーシップ、時間管理能力、質問力、傾聴力などを磨くようにします。

そして、具体的にはつぎのように職場内ワークショップを運営します。

・チームメンバーの質問を促すような場づくりをする。ただし、特定の質問者に場を支配されないように注意する。質問者全員が発言するように工夫する。

・問題解決に向けた議論の内容自体にはなるべく介入しない。メンバーへの質問を通して、チームがいま何をしなければならないかを自分たちで考える手助けのみを行う。

・議論が本筋から外れたり、行き詰まったりしたような場合は、一時中断するなど、いつでも議論の途中で介入する。このとき、ファシリテーターはチームとしてどうすればもっと議論の成果を上げられるかをメンバーに考えさせるような質問を投げかける。他のメンバーはファシリテーターの質問に耳を傾け、その質問に真摯に答えるようにする。

図表2－7　職場内ワークショップの役割分担

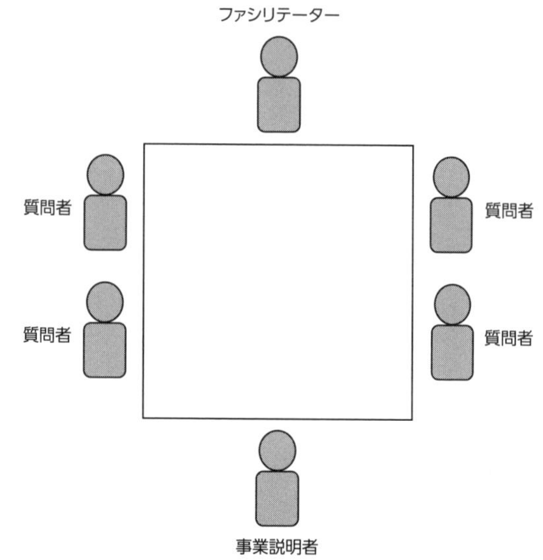

・限られた時間を有効に使うため、「残り～分」などと残り時間を告知したりするなど、時間管理をしっかりと行う。

② **事業説明者**

・事業説明者は、質問されたら簡潔に答えるようにします。
・自分の意見や考えを延々と述べないようにします。
・ファシリテーターの指示に従うようにします。

③ **質問者**

・まず積極的に質問をし、意見を先に述べないようにします。
・ファシリテーターの指示に従うようにします。
・事業説明者の声に耳を傾ける。

5 トップダウン・ボトムアップ・アプローチ

本節では、体系図型と単線フローチャート型のロジックモデルを組み合わせた「トップダウン・ボトムアップ・アプローチ」を解説します。

ロジックモデルの各類型には長所・短所があることは第1章で述べたとおりです。事業のロジックモデル（単線フローチャート型）を作るだけでも事業の見直しや指標の設定などに有用ですが、ときとして既存事業の必要性や正当性を主張するだけに終わり、改革改善に結びつきにくい場合もあります。そこで、施策のロジックモデル②（体系図型）と組み合わせることによって、**目的と手段の観点**から俯瞰的に事業をとらえることができ、また**原因と結果の観点**から事業の有効性を検討することができます。

筆者は、これまでトップダウン・ボトムアップ・アプローチによる職員研修を各自治体や市町村アカデミー（市町村職員中央研修所）等で行ってきました。それは、単なる講義型研修とは違い、前節で示したように、職場で議論しながらロジックモデルを作り上げていくことを想定した、きわめて実践的な研修です。以下に、その研修プログラムの一例を示します。

（1）事前準備

① 演習事業の選定

研修前の事前学習や演習事業（演習で取り上げる事業）の候補提出をねらいとして、受講生全員に自身が現在担当している事業もしくは過去に担当していた事業を1つ選んでもらいます。その際、内部管理系や税関係等の事業を避けて、総合計画に掲げられた施策を目的とする政策的色彩の強い事業を挙げてもらいます。

事前学習として、当該事業の内容（目的、対象者、総合計画等での位置づけ、法的根拠、関連データ）、事業評価の必要性、事業が抱えている問題点や業務の現場で生じている問題点をまとめ、「事前課題シート」（A４判で１枚）として提出してもらいます。特に、総合計画等の位置づけについては、当該事業がどの政策・施策を実現するための事業であるかを明記します。提出された事業候補の中から、講師（筆者）が政策分野、受講生の所属などのバランスを勘案し、チームの数だけ演習事業を選定します。

自身が提出した事業が「演習事業」として選定された受講生には、さらに、当該事業の目的となる「施策」が記載された総合計画および条例・要綱等の該当ページ、事業や制度の概要に関する説明資料（住民向け資料等）、事務事業評価や施策評価に関する資料、その他実施状況に関する関連データ等の提出を依頼します。これらを受講生に事前配布し、受講生はそれらに一通り目を通した上で研修に臨みます。

② チームの編成

受講生の人数を勘案しながら、1チームあたり5～6人でチームを編成します。ファシリテーターについては、研修担当課等が1チームにつき1人適任者を選定しておきます。また、事業説明者については、自身が提出した事業が演習事業として選定された受講生がその役割を担います。それ以外のメンバーは質問者となります。

ワークショップでは、ファシリテーターが重大な鍵を握ります。ファシリテーター役となる職員には早めにその役割を伝えておきましょう。研修当日に講師がワークショップの進め方について解説しますが、ファシリテーターもワークショップの全体の流れや各セッションで何をすべきかを理解しておく必要がありますので、ワークショップの手引書（本節）を一読してもらうようにします。

チームをどのように編成するかについては、演習事業の内容に近い事業を担当しているメンバーを同じチームに集めて編成するという方法もありますが、年齢、性別、職種、職階などが偏らないようにチームを編成する方法もあります。前者の場合は実際の職場討議に近いもので、後者の場合は他業務への見識を広げるという教育効果もねらう場合です。研修の趣旨にふさわしい方法を選択すればよいでしょう。

③ 座席の配置

講義のときはスクール形式でも構いませんが、ワークショップではチームの数だけ、席をアイランド型（島型）に配置します（**図表2－7**）。各チームが別々の部屋に分かれて行う場合もありますが、同じ部屋のほうが他のチームの進捗状況も相互に確認でき、また講師からの説明も一度で行えます。

④ 用意する物品等

・ノートPC（各チームにつき1台配置）

・模造紙、付箋、ペンなど

・各種ワークシート（A4判のものを各受講生に、A3判に拡大したものを各チームに1枚ずつ配付）。A3判シートは各メンバーの意見を集約するためのもので、A4判シートに貼り付けた付箋をA3判シートに貼り替えていく作業を行います。

・プリンターはワークショップと同じ部屋にあることが望ましいですが、別室でも構いません。演習成果を随時印刷し確認するために用います。

（2）全体の流れと留意事項

おおよその目安としては、講義（2～3時間程度）とワークショップ（1日半）の計2日間です。これらは2日間連続で実施してもよいし、複数に分割し実施しても構いません。ワークショップのプログラムについては後述しますが、5つのセッションで構成されます。

まずセッションに入る前に、ファシリテーター、事業説明者、質問者の役割を確認しておきます。初対面の受講生が多い場合はチーム内で簡単な自己紹介をしたり、アイスブレーキングを行ったりします。最後の**セッションⅤ**では各チームの成果発表と質疑応答を行うため、発表者1名をチーム内の質問者の中からあらかじめ選んでおきます。また、チーム名も話し合いで決めておきます。

後述のワークシートや成果物については**セッションⅤ**（発表と質疑応答）で使用します。各種ワークシートのデータについては、各チームのテーブルに配備したノートPCにあらかじめ保存しておき、ワークショップの中で作成するようにします。これらは発表用のパワーポイントに画像として貼りつけてもワードのままでも構いませんが、議論と並行しながら、パソコンで作成するほうが効率的です。すなわち、議論の途中段階でその時点での検討内容をいったん入力・印刷し、それを見ながら皆で議論し、また入力・修正し印刷する、という工程を繰り返します。この点は各チームの行いやすい方法で進めるようにします。なお、**セッションⅣとⅤ**にはインターバルを設け、発表練習と成果物の印刷のための時間にあてます。人数分（受講生＋講師＋事務局）の資料を印刷・配布するのに時間がかかることもあるため留意してください。

（3）進め方の手順

◎セッションⅠ　最終成果の具体化

1．目的

・夢や目標は、できるだけ具体的なイメージを思い浮かべると叶いやすいものです。

・本セッションと次のセッションでは、現在から将来を予測する**フォアキャスティング（forecasting）**ではなく、将来を起点としてそこから現在にさかのぼる**バックキャスティング（backcasting）**により、施策のロジックモデル②（体系図型）を作成します。

・そのため、事業の現状分析から入らずに、まずは計画期間内に到達したい将来像（最終的にどのような状態をめざすのか＝最終成果）をチーム内で議論し、共有化します。

・演習事業の目的（すなわち「施策」）を手がかりに、最終成果がどのような状態であるかを徹底的に議論し、チーム内で具体化します（「**概念の操作化**」）。たとえば、「商店街の活性化」という施策の場合、「商店街が活性化している状態とはどのような状態をさすのか」について、メンバーどうしが徹底的に議論し、具体化します。

・「最終成果の具体化シート」（**図表２－８**）の途中まで完成させます。

2．目標所要時間（目安）　70分

図表2－8　最終成果の具体化シート

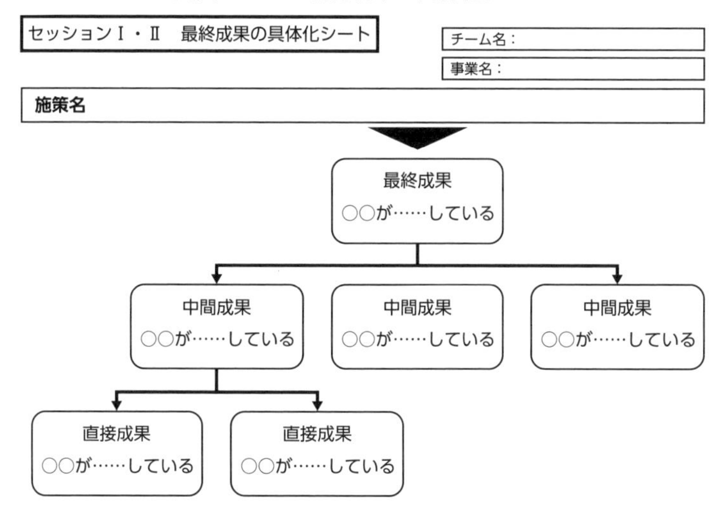

3．成果物

「最終成果の具体化シート」のうち、施策名と最終成果まで。

4．進め方

・最初に、「最終成果の具体化シート」(**図表2－8**）の上端に「チーム名」と「事業名」を記入しておきます。

・つぎに、ファシリテーターが事業説明者に対して、「演習事業が①総合計画の基本計画等のどの施策を実現するためのものか、②総合計画等の期間内において、最終的にどのような状態をめざしているのか（最終成果）を、5分程度で説明してください」と依頼します。

・「施策」とは「～の充実」「～の推進」「～の促進」「～の活性化」「～の整備」などと表現されるものです。

・事業説明者は、総合計画の基本計画等の該当ページを指し示しながら説明します（5分程度)。ただし、事業内容の説明については**セッションⅢ**(事業内容の検証・見直し)で行うので、本セッションでは行わないようにします。

・5分経過したら、ファシリテーターはいったんそこで説明をストップし、つぎのステップに移ります。

・ファシリテーターの進行のもと、質問者は、事業説明者に対し積極的に質問を投げかけながら、得られた回答をもとに「最終成果の具体化シート」の「施策名」と「最終成果」の欄を埋めていきます。施策名が、たとえば「～の活性化」である場合、「活性化している状態とはどのような状態を指すのか」についてチーム内で徹底的に議論し、具体化します。ここで特に重要なのは「**状態**」という点です。どのような状態かを考えるにあたっては、「○○が……している」というかたちで表現することがポイントです。

・会話の音声は記録に残らないので、その都度付箋に書き留めて、それを「最終成果の具体化シート（A３判）」に貼りつけていくと、チーム内の意見集約が効率的に行えます。

5．議論のルール

・議論が活発でないときには、ファシリテーターが最初の質問者を指名します。その後は、質問者がつぎの質問者を順に指名していきます。

・事業説明者は、質問に対する回答はできるだけ簡潔に行ってください（２～３分以内が目安）。事業内容の詳細を説明したくなるかもしれませんが、グッとこらえましょう。

・質問者も「……と思うが、～ですか？」といった前置きの長い質問は極力避けてください。自分の意見を延々と述べるのではなく質問に徹し、「何を知りたいのか」「どのような情報を得ようとしているのか」を明確にして質問するように心がけます（１回の質問時間はなるべく１分以内におさめます）。このとき、ファシリテーターは、ポンポンと会話がはずむように、必要に応じて介入し、場のマネジメントに努めます。

・最初のうちは事業説明者と質問者との対話に終始しても構いませんが、質問者は事業説明者にだけ質問するのではなく、他の質問者に対しても積極的に質問を行うようにします。質問者の質問意図がわかりにくい場合にも、質問を行うようにします。

・ファシリテーターは、時間配分や残り時間に注意を払い、時間の進捗管理をしっかり行います。

・上記のルールは以降のセッションでも同様です。

◎セッションⅡ　最終成果を実現するための手段の導出

1．目的

・**セッションⅠ**で明らかにした最終成果（計画期間内で最終的にめざす状態）を実現するためには、どのような状態または手段が必要であるかを議論し、思いつく限り、すべてを洗い出します。

2．目標所要時間（目安）　90分

3．成果物

「最終成果の具体化シート」（**図表２－８**）を完成させます。

4．進め方

・ファシリテーターは、まず**セッションⅠ**で具体化した最終成果を実現するためには、どのような状態または手段（中間成果）が必要かを各メンバーに考えてもらい、付箋に書き出すように指示をします（1枚の付箋には1つの内容だけ書くこと）。また、付箋に書いた内容を1人ずつ読み上げながら説明し、模造紙上に置いていきます（同じような内容の付箋はグルーピングします）。

・このとき、「○○が……している」というように、主語と述語を明確にした文とすることに注意します。主語は、人（個人、団体）、地域など、さまざまな観点から検討します（**図表２－８**）。

・上記について、思いつく限り、すべてを洗い出すことができたら、ファシリテーターは、さきほどと同様に、1つひとつの状態または手段（中間成果）について、それらを実現するためには、どのよう

セッションの目的は手段の洗い出し。自由な発想で。

な状態または手段（直接成果）が必要かを各メンバーに考えてもらい、付箋に書き出してもらいます。
・このように、「最終成果の実現手段は何か？」「その手段の実現手段は何か？」というように、順に深く掘り下げていきます（ドリルダウン）。
・ただし、当該施策に位置づけられた現行の事務事業等を参照しないことに注意します。現行の事務事業をもとに議論することは、自由な発想を阻害してしまう可能性が高いので、極力控えるようにします。

◎セッションⅢ　事業内容の検証・見直し

1．目的
・演習事業に関する諸情報を幅広く収集・把握し、チームのメンバー全員が共有化します。
・その上で、**セッションⅡ**で導出した「直接成果」と演習事業の「直接成果」を比較対照し、両者にギャップがないかを確認します。
・ギャップがある場合には、**セッションⅡ**で導出した「直接成果」を実現するためには、どのような事業を行うべきかという観点から、演習事業の内容の見直しを行います。

2．目標所要時間（目安）　50分

3．成果物
「事業内容検証シート」（**図表２－９**）。演習事業について作成する。

4．進め方
・まずファシリテーターが、「５分以内で、演習事業の概略を簡潔に説明してください」と、事業説明者に依頼します。
・事業説明者は、各種資料をもとに、事業の概略を５分以内で説明します。
　➢事業の概略とは、事業の目的、目標、実施主体、実施時期、実施場所、対象者、行政等の手段、手段行使の手続き・プロセス、予算・財源、法的根拠、これまでの実施経過等の基本情報を指します。
・事業説明者の概略説明が５分経過したら、ファシリテーターはいったんそこでストップし、つぎのステップに移ります。

図表２－９　事業内容検証シート

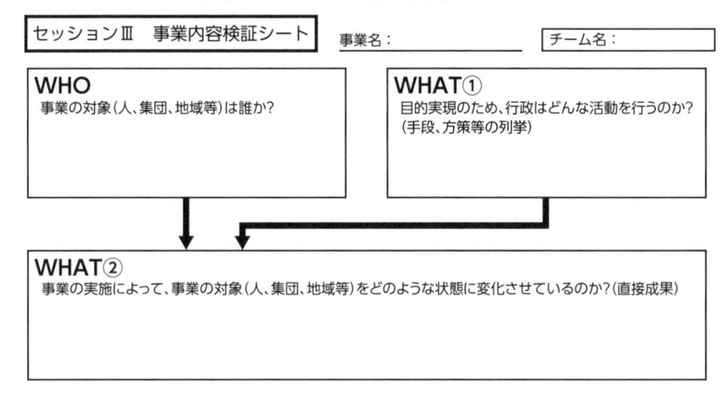

・ファシリテーターの進行のもと、質問者は以下の手順に沿って、事業説明者に対し積極的に質問を投げかけ、得られた回答をもとに「事業内容検証シート」の空欄を埋めていきます。このとき、音声情報は記録に残らないので、その都度付箋に書き留め、それらをシートに貼りつけていくほうが効率的です。

【WHO】

最初に、「事業内容検証シート」の上端の「事業名」と「チーム名」を記入しておきます。

当該事業の対象（ターゲット）を明らかにします。「事業の対象（人、集団、地域等）」の欄は、サービスの給付要件や資格要件を踏まえて記述することになりますが、特にそうした要件がない場合でも、安易に「市民」や「住民」などとは記載せず、実際に受益を得ている住民がどのような人々であるかや、政策的にどのような住民等に利用してもらいたいか等をよく議論した上で、できる限り対象（ターゲット）を特定します。ターゲットの年齢、性別、職業、興味、価値観などを細かく設定してみること（ペルソナ分析）も有用です。

【WHAT①】

当該事業では、行政は何を行っているのか、その手段・方策など行政活動（activity）をすべて具体的に列挙します。

【WHAT②】

当該事業の実施によって、上記の対象（人、集団、地域等）をどのような状態に変化させているのか、その状態を空欄に埋めます。このとき、「○○が……している」というように、主語と述語を明確にした文となるようにします。

・上記の**【WHAT②】**と**セッションⅡ**で導出した「直接成果」を比較対照して、両者にギャップ（乖離）がないかどうかを確認します。
・両者が一致している場合は、目的と手段が整合しているものと考えられます。しかし、両者にギャップがある場合には、**セッションⅡ**で導出した「直接成果」を実現するために、行政はどのような事業を行うべきかを検討し、演習事業の内容の見直しを行う必要があります。そして、見直した内容を事業内容検証シートに反映させます。
・このとき、**セッションⅡ**で導出した「直接成果」を予定調和的に修正してはいけません。

◎セッションⅣ　ロジックモデルの作成

1．目的

・本セッションでは、これまでの検討内容をもとに、演習事業に関して、影響要因を追加したフローチャート型ロジックモデルを完成させます。
・一部のメンバーがロジックモデルの作成に取り組むのではなく、チーム内で議論し、知恵を出し合いながら作成します。

2．目標所要時間（目安）　90分

3．成果物

「ロジックモデル・シート」（**図表2－10**）。

ただし、事業の目的が複数ある場合は、それぞれの目的ごとにロジックモデルを作成してもかまいません。

4．進め方

・議論の流れは、①ロジック（論理的な因果関係のストーリー）の作成、②評価指標の設定、③影響要因の記載、の順で行います。

図表２－10　ロジックモデル・シート

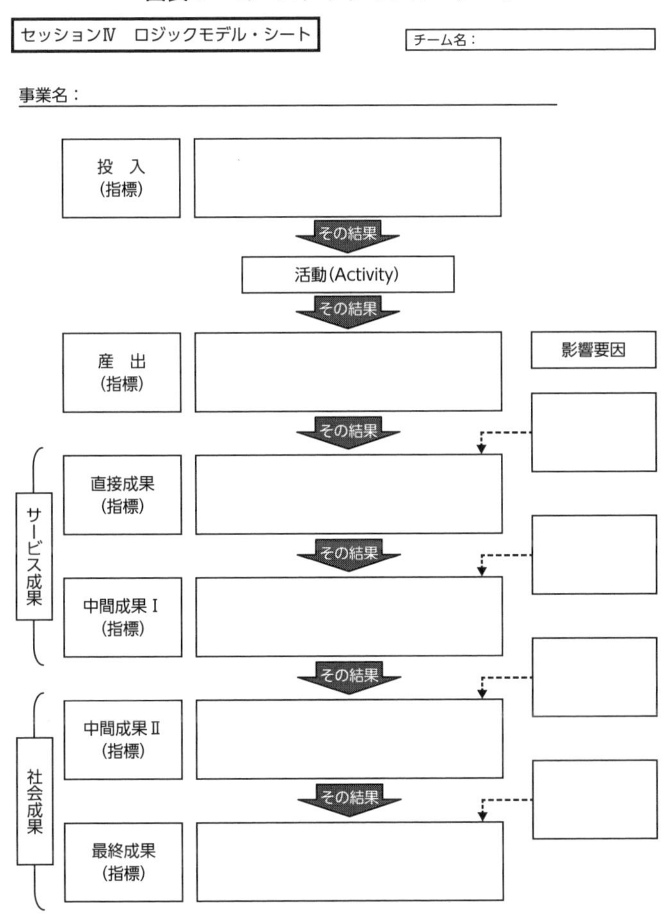

①ロジックの作成

・まず、**セッションⅢ**で作成した「事業内容検証シート」の【WHAT②】に書いた付箋と同じ内容を、「ロジックモデル・シート」の「直接成果」の欄に貼りつけるか、記入します。空欄に入れる文は、「○○が……する」「○○が……している」というように、主語と述語が明確になるようにします。

・次に、**セッションⅠ・Ⅱ**で導出した「最終成果」「中間成果」を、「ロジックモデル・シート」の「最終成果」と「中間成果」(中間成果Ⅰないし中間成果Ⅱ)の各欄に、付箋をそれぞれ貼りつけるか、コピー&ペーストします。同じく、空欄に入れる文は、「○○が……している」「○○が……となっている」というように、主語と述語が明確になるようにします。

・さらに、当該事業の実施にどのような資源(人、物、情報、施設、ネットワーク等)が必要かを検討し、「ロジックモデル・シート」の「投入」の欄に記載します(または付箋を貼りつけます)。

・以上の作業を行えば、資源投入から最終成果に至るまでのロジック(論理的連鎖)の素案ができ上がります。

➢特にここでは、事業の実施によって最終的にどのような成果(アウトカム)が住民や地域等にもたらされるのかについて、「直接成果」「中間成果」「最終成果」といった時間軸に沿った**因果のストーリー**を組み立てるところがポイントです。

➢事業の受益者等の心情、行動、状態等がどのように変化するか、もしくは変化させるかを念頭に置きながら、因果のストーリーを作ります。

・中間成果の論理展開が2段階の場合は中間成果指標ⅠとⅡを、3段階の場合は中間成果指標Ⅰ・Ⅱ・Ⅲとします。事業によっては複数の段階を踏まないケースもあり、そのような場合は中間成果を1つ設定することになります。

・おおよその目安として、直接成果と中間成果Ⅰは当該事業の成果(「**サービス成果**」)を、中間成果Ⅱと最終成果は事業を行うことによって地域社会全体にもたらされる成果(「**社会成果**」)を想定します。

・ロジック(論理的連鎖)が作成できたら、それが因果関係(矢印の先が結果、矢印の根っこが原因)のストーリーになっているかどうか、因果関係に論理の飛躍がないかどうか、原因と結果の関係が逆になっていないかどうか等を必ず点検しましょう。

②評価指標の設定

・各レベル(投入~最終成果)の内容を測定するのにふさわしい評価指標が何であるかについてチーム内で議論します。

図表２－11　ロジックモデルの例（環境問題学習講座）

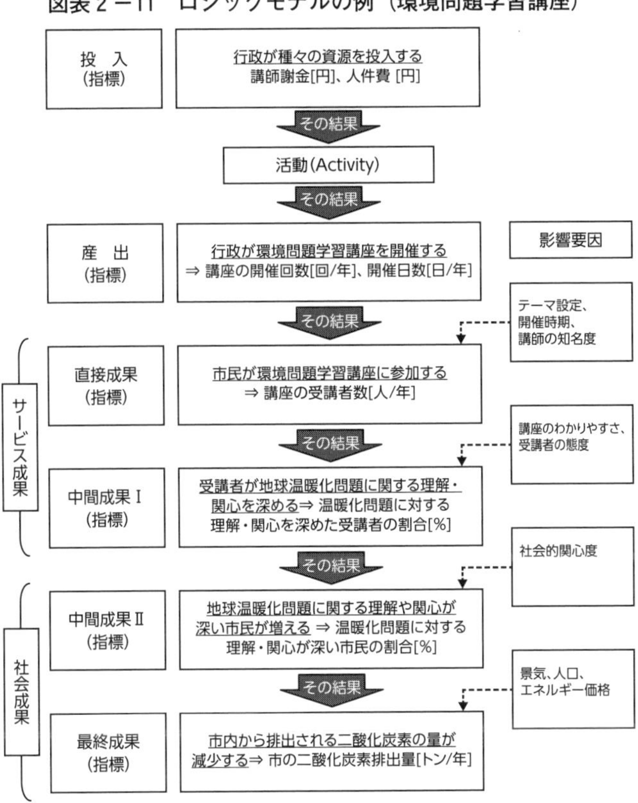

・既存の評価指標がある場合でも、それらをそのまま設定するのではなく、それが妥当かどうか批判的に検討し、必要に応じて評価指標を修正します。

・評価指標については、ロジックの直下に記載します（**図表２－11**）。

・統計情報など既存データの有無や、データ入手の簡便さを優先させて評価指標を設定すると、アウトプットやアウトカムを適切に測定する評価指標にはなり得ず、評価指標そのものが誤ったものになってしまうので注意しなければなりません。また、客観的指標（CO_2排出量、図書館数、下水道整備率など）か主観的指標（住民満足度、認知度、関心度など）か、あるいはストック指標（過去から現在までの蓄積を表す指標）かフロー指標

（一活動あたりまたは単年度の流れを表す指標）か、実数か割合（％）かなど、どのような評価指標が最も適切なのかについても十分に吟味すること。指標には必ず単位があるので、忘れずに記入します！

ロジックモデルができたら、次はプレゼン。念入りな打合わせを。

・成果と住民満足度は別概念です。住民満足度は行政の活動やその成果に対する住民の価値判断です。成果指標の値は以前に比べ上がったが、逆に住民満足度が下がってしまったということも起こり得ます。満足度は感情や環境に影響を受けやすいため、注意を要します。

・最終成果指標は政策レベル（長期・10年）、中間成果指標Ⅱは施策レベル（中期・5年）、中間成果指標Ⅰは基本事業レベル（中期・3年）、直接成果指標または産出指標は事務事業レベル（短期・1年）などと、あらかじめ評価指標のレベル合わせをしたほうがよいでしょう。

③影響要因の記載

・直接成果、中間成果Ⅰ、中間成果Ⅱ、最終成果のそれぞれに影響を及ぼすと考えられる要因（「**影響要因**」という）として、どのような要因があるかをチーム内で議論しながらできる限り列挙します。

・影響要因には、行政の内部要因と外部要因が存在します。前者は行政がおおよそコントロール可能なものであり、後者は行政ではコントロール不可能または困難な他律的要因（天候、経済情勢、国の法制度の変更など）です。また、このほかにプラスの影響を与える要因（促進要因）とマイナスの影響を与える要因（阻害要因）があります。こうした観点からも影響要因を検討します。指標に影響を与える影響要因を計画段階でロジックモデルに記載しておくと、事後評価の際の要因分析に役立ちます。

5．留意点

・事業の目的が複数ある場合は、それぞれの目的ごとにロジックモデル・シートを作成したほうがわかりやすく整理できる場合があります。

◎セッションⅤ　発表＆質疑応答

1．目的

・これまでの検討過程とその成果物（各種ワークシートの内容）に関するプレゼンテーションを行います。

2．進め方

・これまで作成した「最終成果の具体化シート」「事業内容検証シート」「ロジックモデル・シート」を提示しながら、指定の持ち時間でプレゼンテーションを行います。

・プロジェクターから投影しながらプレゼンを行うので、発表者とは別にパソコンの操作係を１人決めておきます。

・プレゼン後、質疑応答の時間を設けます。このとき、他のチームは、「ロジックに飛躍はないか」「因果関係が成立しているか」「指標は適切か」「影響要因は妥当であるか」といった観点から、発表チームに対して積極的に質問を投げかけます。

（佐藤）

ケーススタディ　＃２

ロジックモデルを作成しマネジメントに活用

北上市（岩手県）
面積：437.55㎢　人口：92,373人
（2020年11月）

1．取り組みの経緯

北上市はいわゆる「平成の大合併」の合併市ではなく、1991（平成３）年に誕生しました。合併当時は、普通交付税が合併特例法によって漸減措置されるなど、国の三位一体改革が重なり、財政的には非常に厳しい状況にありました。このことから、行財政改革は将来を見越して合併直後から開始され、人員の削減や財政

的な節減・削減等が推し進められました。2002（平成14）年頃から持続可能な都市経営のためにはマネジメント改革が不可欠であるとの認識に立ち、庁内議論を開始し、予算編成の見直しや部等のマネジメント強化、市民との協働を推進してきました。

とりわけ、政策の意思決定時において、政策体系と実際の事務事業を認識する中で、将来の目標値と経営資源の投入状況を勘案する「可視化」「目標管理」「評価―計画―予算の連動」に力を入れています。このPDCAサイクルへの市民参画にロジックモデルを活用しています。

2．総合計画の策定時における検討

北上市では、2011（平成23）年から10年間の総合計画を策定するにあたり、2008（平成20）年から「きたかみ未来創造会議」を設置し、市民参画による計画策定を行いました。未来創造会議は公募市民・NPO・市職員の計60人で構成され、策定までの3年間で20回程開催しました。同会議の運営は、市内にある特定非営利活動法人「いわてNPO－NETサポート」が、北上市より、行政と市民・地域等の中間支援業務を受託し、実施しました。同会議では、委員である公募市民と市職員（主に課長補佐級職員）とが協働で、めざす地域社会の姿、具体的な政策・施策、市民と行政の役割分担とまちづくりの主体、市民にわかりやすい成果指標および目標値の設定について検討を行いました。そして、検討結果については随時、北上市基本構想等審議会および北上市総合計画策定委員会に提言しました。

未来創造会議の第1回から第7回までの会合では、基本構想における10年後の将来像（長期成果）の検討がなされました。第8回から第19回までの会合では基本計画でめざすべき中期成果の検討がなされ、ロジックモデルの素案も作成されました。こうした過程では、未来創造会議と庁内との間で互いの検討結果をキャッチボールのようにやりとりしながら、最終的に市が中期成果と指標を決定するとともに、ロジックモデルを作成しました。

3．ロジックモデルの活用状況

ロジックモデルは、現状を改善するために、現在取り組んでいる施策や事務事業について、目的－手段の関係を可視化しています。求める成果に対して実施している事務事業や施策が妥当な構成になっているかについて、目的と手段の観点から、チェックすることになります。北上市では、ロジックモデルを総合計画策

定時における市民と行政のコミュケーション・ツールとするだけでなく、庁内議論のツールとしても活用しました。また、計画策定後は毎年度の政策議論（施策評価後の翌年度に向けた施策推進方針の議論）を行う際に、政策分野ごとに重要課題や新規課題に対して、取り組みの穴がないか、各施策で想定している成果が明確に定義されているか、課題解決の方向性自体を軌道修正する必要があるか等を確認する際のツールとしています。

現状では、本市のロジックモデルはコミュニケーション・ツールとして一定の効果がありますが、つぎのような問題もあります。

第1は、「まち・ひと・しごと創生」総合戦略への取り組み開始時などで、ロジックモデルを修正しましたが、基本的には毎年度の見直しはしていないことです。第2は、ロジックモデルが意思決定において、今後の施策推進方針に関する全庁的な協議時にのみ活用するなど、部分的な活用にとどまっていることです。第3は、総合計画策定後に生じた新たな重要課題にも対応したロジックモデルとなるよう、見直しできていないことです。

4．実際のマネジメントにおけるロジックモデル

北上市では、2003（平成15）年頃、当時の行政運営における問題点を整理すると、次のとおりでした。

- 施策や事務事業の対象と水準、経営資源（人・もの・予算）の投入状況に関して、庁内における十分な情報と共通認識がない。
- 庁内で各施策における課題の認識と戦略が欠如している（施策は「スローガン」的なもので、目標が具体化され共有されているものではない）。
- 市民の参画や、市民の視点に立った行政需要の把握を前提とした、計画・実施のプロセスが欠如している。
- 施策の具体的な方向性の議論が欠如しているので、事務事業個別の視点にとどまり、効果的な政策調整が行われていない。
- 事務事業の採択にあたっては合理的な選択と、その結果の説明が求められているが、不十分である。
- 各政策への経営資源配分に係るウェイトづけの議論がなされていない。
- 意思決定が官房系特定部局（企画部・財務部）に機能集中しており、各部局で工夫や改善・改革が生じ難く、政策形成機能が脆弱である。

図表２－12　北上市のマネジメントサイクル

基本構想等審議会／きたかみ未来創造会議
政策評価委員会〈外部評価〉
基本構想 10年
基本計画 5年
Plan
実施計画 3年
Do
事業実施
Check
事業評価
施策評価
Action
施策推進方針
まちづくりの課題／戦略
施策の方向性
各課ヒアリング
資源検討
実施計画見直し（ローリング）優先度／重点度等の判断
（事前評価）予算編成
Action/Plan

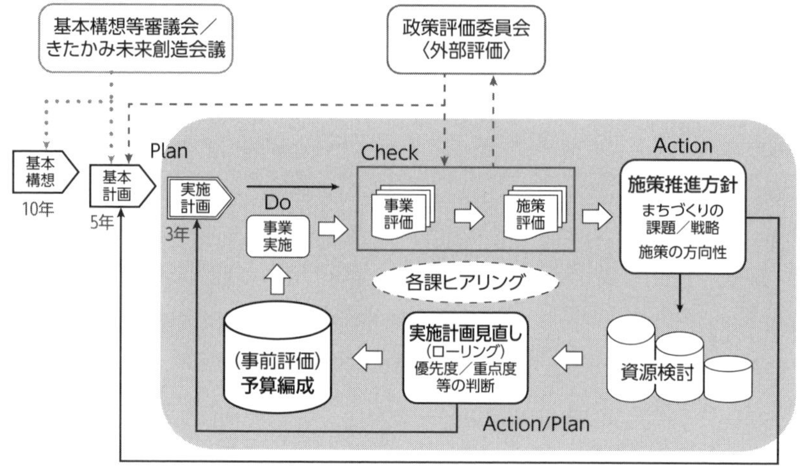

出所：市ホームページ

これらの問題点を解決するため、**図表２－12**に示したマネジメントサイクルの構築をめざしました。

現在、北上市では、市長、副市長、教育長、各部長で構成する「政策推進会議」を設置しています。同会議では施策評価や次年度の施策の推進方針および主要事業の内容等について、各部長が部内の事項に関する説明を行います。部長が部内マネジメントを行い、同会議では重要な政策調整と主要事業の事業採択まで意思決定していることから、「ミドル・アップダウン」のマネジメントとなっています。同会議では毎年度、PDCAサイクルの中で政策的な議論は度々行われます。Actionにあたる「施策推進方針」の調整時に、基本施策とそのもとの施策のそれぞれにおいて、めざすべき方向性に対する到達度とその課題、現状の手段が妥当であるか抜け漏れがないかを確認し、次年度における（経営資源の投入の重点化を含めた）施策の方向性を決定します。この施策推進方針の調整では、ロジックモデルで基本施策ごとに施策と構成事務事業を確認し、あわせて指標到達度の一覧表を俯瞰しながら、検討を行います。なお、実施計画は３年単位で毎年度調整を行っています。施策推進方針や実施計画の調整では、大型事業が特定年度に単発で予定されることもあります。その場合、施策単位の分析で単純には前年度比較ができないことや、全政策を通して財政的に影響が大きいことになります。したがって、一定規模以上の大型事業は区分を持ちながら（切り取った表示ができる状態で）、施策単位の所要一般財源を集計し、全体を俯瞰し経営資源の方向性と施策推進方針を決定します。

北上市におけるロジックモデルの活用は、この施策推進方針の検討が主となっていますが、有識者等で構成される政策評価委員会が行う外部評価でも活用されています。外部評価対象施策の類似施策との関連や重複を総合計画の位置づけで確認する資料となるものです。

2020（令和２）年度現在、新たな総合計画を策定する時期となっており、ロジックモデルの活用は、評価のあり方とあわせ今後の継続課題となっています。

≪コラム②≫意図的に時間を創り出す工夫

計画策定や事業立案の際に、課内で議論しながらロジックモデルを作ったり、ロジックモデルを活かして進捗管理や評価をしたりしたいけれど、業務の中でまとまった時間がとりにくい、といった声をよく耳にします。

自治体行政の現場には、「日常業務に追われ、職場内での政策論議に時間がとれない」「通常業務以外で時間を割くことは困難である」といった風潮があるようです。たしかに、そういう側面があることも否定できませんし、猫の手も借りたいほど多忙な時期もあるでしょう。ですが、まずは「本当に時間を割くことができないのか」「無駄な時間の使い方をしてはいないのか」など、ふだんの時間の使い方を点検してみることです。「時間がないからできない」という場合は、仮に時間がたっぷりあってもやらないことが多いものです。できない理由を挙げるより、どのようにすれば忙しい中でも時間を捻出できるか、その具体策を考えてみることが大切です。

ロジックモデルは、ゴール（最終目標）とそこに至るまでのルートを時系列に整理したロードマップ（行程表）です。ただし、ロジックモデルは仮説ですから、そのとおりうまくいかないこともあります。カーナビでは、ドライバーが走行中に道を間違えたり、ルートから外れたりしたときは. 現在地から目的地（または経由地）までのルートを自動的に再探索し軌道修正してくれます。

ですが、行政実務ではそういうわけにはいきません。前年度もしくは年度当初の段階で、ロジックモデルの作成や検証を行う予定を年間スケジュールにあらかじめ組み込んでおくなど、意図的に時間を創り出す工夫が必要です。たとえば、（語呂合わせですが）毎年６月９日を「ロジックモデルの日」とし、その前後１週間を「ロジックモデル週間」にして、ロジックモデルの作成・検証にあててみてはどうでしょうか。

また、細切れ時間（すき間時間）を上手に使うことも有効です。ロジックモデルの作成・検証は、まとまった時間でなくても一向に構わないのです。

最初のうちはロジックモデルに不慣れなため、作成や検証に時間を要するかもしれませんが、２回、３回と経験値を積むことによって、所要時間も短縮できるようになっていきます。

（佐藤）

第3章

ロジックモデルを政策の立案・評価に活用しよう

→→→→→→→→→→→→→→→→→→→→→→→→→→→→→→→→→→→→→

1．計画・戦略は作って終わりではない
2．ロジックモデルで計画・戦略の見直し
3．ロジックモデルで計画・戦略に掲げられた目標が妥当であるかを検証しよう
4．ロジックモデルを活用したKPIの見直し
5．市民とともにロジックモデルを作成し評価してみよう
6．財政部門からエビデンスを求められたとき
7．議員から政策の根拠を質問されたとき
8．ロジックモデルからEBPMへと展開しよう
【ケーススタディ】習志野市
《コラム》ロジックモデルは事務引継ぎにも有用

1 計画・戦略は作って終わりではない

計画はあくまで計画であり、それだけでは何も生まれてこないとよく言われるように、自治体計画には「実効性確保」という課題がついて回ります。計画・戦略は作って終わりではありません。実績を把握し、必要な見直しを加え、これらを次期計画や政策の立案につなげていくことが従来から課題となっています。

まちづくりや行政運営の基本指針となる総合計画は、自治体計画の最上位に位置しています。一方で、2014（平成26）年に「まち・ひと・しごと創生法」が施行され、国の地方創生に関する支援を受けるため、2015（平成27）年度から「まち・ひと・しごと創生総合戦略」（以下「地方版総合戦略」という）の策定が自治体で急速に進展しました。地方版総合戦略は、地域の人口減少克服と地方創生を目的としていますが、総合計画（実施計画）と内容が重複している部分が少なからずあるため、第2期地方版総合戦略の策定にあたっては両者を統合しようとする動きが、自治体で見られました。これらを一体化することは、総合計画（実施計画）と地方版総合戦略との整合性が確保され、実効性の高い地方創生政策の実施が可能となります。

地方版総合戦略では、計画の実効性確保という課題に対応するため、外部有識者会議を設けて効果検証の妥当性と客観性を担保するとともに、数値目標と**重要業績評価指標（KPI）**と呼ばれる2つの効果検証ツールを設定し、実施した施策・事業の効果を検証するものとされています。これらの効果検証手法は、総合計画では必ずしも義務付けられていません。しかし、一体化後は、地方版総合戦略の効果検証手法が総合計画に全面的に適用されていく可能性があります。

さて、地方版総合戦略は第2期に入り運用の時代を迎え、自治体のホームページなどで、効果検証ツールを用いた進捗状況や評価結果が公表され、議会の一般質問などでも、地方創生への取り組み状況やその成果に注目が集まっています。しかし、その舞台裏では、評価の仕方がわからない、評価指標に疑問があるとの声が聞こえてきます。これは、自治体計画の実効性を確保していく上で、由々しき事態です。

本章では、地方版総合戦略の効果検証を例に、計画・戦略の見直しにロジックモデルを活用する方法を解説します。このための検討事例は 、我孫子市（千葉県）が策定した「我孫子市まち・ひと・しごと創生総合戦略」（以下「我孫子市総合戦略」という）における少子化・人口減少政策を取り上げます。

ロジックモデルは、本来、政策（計画）立案段階で作成するものですが、本章の1節から4節では、現在運用されている地方版総合戦略が想定している問題解決ストーリーを抽出し、第2章の作成方法を参照しながら、ロジックモデルを事後的に作成していきます。ここでは、数値目標とKPIそれぞれの設定・改善の基盤となるロジックモデルを作成し、これを用いながら、2つの効果検証ツールの設定状況を確認し、必要な改善策を検討していきます。

本章の課題検討方法は、第2章5節で紹介されている「トップダウン・ボトムアップ・アプローチ」と高い類似性を持ちます。ただ、本章では、あるべき姿を起点としてロジックモデルを構築するのではなく、運用されている計画・戦略の実際の姿からロジックモデルを構築するため、主にフローチャート型の組み合わせを用いている点で異なります。

2 ロジックモデルで計画・戦略の見直し

本節では、計画・戦略の見直しにロジックモデルを活用していく前段階の作業として、まず、検討対象とする政策課題の構造と、この解決手段となる地方版総合戦略の全体構成を確認していきます。つぎに、地方版総合戦略が想定している問題解決のシナリオを抽出し、これをロジックモデルにより表現していきます。以下では、これらの作業に必要な3つの段階（ステップ）に分けて説明します。

(1)「政策課題の構造」を確認する

最初のステップは、少子化・人口減少という政策課題の性格、発生要因の確認です。政策課題の構造を理解するには、本来であれば、一般向けに書かれた人口統計分析や少子化問題に関する概説書を頑張って勉強して欲しいところです。しかしながら、ここでは、内閣府の「少子化対策大綱（2020（令和2）年5月29日閣議決定)」や内閣官房まち・ひと・しごと創生本部事務局の「地域少子化対策検討のための手引き（2017（平成29）年5月)」などの政策関連文書と「少子化社会対策白書」（以下「対策白書」という）を参考書として活用していきます。

少子化とは「継続的な人口置換水準以下への出生率（数）の低下」と定義されます。これは、どのような要因から生じているのでしょうか。前述した政策関連文書と対策白書では、わが国において婚外出産はごく少数であり、出産の大部分は、結婚によりもたらされていると分析されています。このため、出生率（数）は「結婚する人の割合（結婚についての動向)」と「結婚した夫婦間の出生行動の変化（夫婦間の子ども数)」によって大きく影響を受けることが指摘されています。

もう少し具体的に言えば、少子化・人口減少という政策課題は、晩婚化(平均初婚年齢が以前と比べて高くなる傾向)、非婚化（生涯にわたり結婚をしないことを選択する傾向が高くなっていること)、夫婦間の子どもの数の減少によって引き起こされていると理解されています。また、地域の人口変動は出産・出生、死亡、移動（転入および転出）という直接的要因に加えて、地域の社会経済的要因、さらには地域の文化的要因なども密接に関係していることから、広く影響要因も視野に入れておく必要があります。

(2) 地方版総合戦略の全体構成を確認する

つぎのステップは、検討対象とする地方版総合戦略の基本目標、目標達成手段、効果検証ツールの具体像の確認です。また、政策課題の発生要因と地方版総合戦略の対応関係についても確認していきます。

① 地方版総合戦略の全体的な構成

地方版総合戦略では、a．しごとづくり、b．ひとの流れ、c．結婚・出産・子育て、d．まちづくりという政策分野ごとに、基本目標が設定されます。これらのうち、検討対象とする基本目標を構成する「具体的な施策（施策)」と「主な取り組み（事業)」を抜き出し、地方版総合戦略の全体構成を確認します。

さて、検討事例としている我孫子市は、「自然減・社会増」の傾向を持ち、多くの地域と同様に、出生数（率）の向上が課題となっています。我孫子市総合戦略の結婚・出産・子育て（少子化・人口減少政策）に関する全体構成を整理したものが、**図表３－１**です。この例のように、「あびこで子ども産み、育てたくなるまちづくり」などの基本目標ごとに、目標達成手段にあたる「出会いから結婚を実現させるための協力支援」(以下「婚活支援施策」

図表３－１　地方版総合戦略の構成（我孫子市の例）

《基本目標３》　あびこで子どもを産み、育てたくなるまちづくり
　数値目標
　　合計特殊出生率
　　　基準値：1.21（平成26年度）→目標値：1.37（令和３年度）
　　保育園の待機児童数
　　　基準値：０人（平成30年度）→目標値：０人（令和３年度）
　《基本的方向》
　　１　結婚・妊娠・出産・子育てまでの継続的支援
　　《具体的な施策（施策)》
　　　１）出会いから結婚を実現させるための協力支援
　　　　重要業績指標（KPI)
　　　　　婚活イベント・講座の開催回数
　　　　　婚活事業による年間婚姻数（成婚数）
　　　　《主な取り組み（事業)》
　　　　　婚活支援事業の拡大・充実
　　　２）安心して妊娠・出産・子育てできるための環境整備
　　　　（略）
　　　３）母子保健・予防接種の充実
　　　　（略）
　　２　子育て世帯への支援の充実
　　　　（略）

出典：我孫子市総合戦略（2020（令和２）年２月改定版）をもとに作成

という）等の施策と、「主な取り組み（事業）」として「婚活支援事業の拡大・充実」等をパッケージ化して構成しています。

② 2つの効果検証ツールの意義と役割

地方版総合戦略では、数値目標とKPIと呼ばれる、2つの効果検証ツールを設定し、実施した施策・事業の効果を検証するものとされています。このうち、基本目標の達成度を把握するために設定されるのが、数値目標です。これは、基本目標の成果として、達成すべき水準などを定量的または定性的に示す役割と、施策を実施した成果を把握、評価する役割を持つ成果指標です。

また、施策を構成する事業が、全体としてもたらす成果や、施策の進捗状況を検証するために設定される成果指標がKPIです。KPIは成果指標を設定することが原則ですが、設定が難しい場合、産出指標を代替的に設定できるとされています。

③ 政策課題の発生要因と戦略の対応関係

つぎに、我孫子市総合戦略を例に、施策・事業の性格を検討してみると、**図表3－1**の具体的な施策（施策）には、出生率等の向上や回復に対して直接的な効果を持つ施策（施策1：出会いから結婚を実現させるための協力支援）があります。また、人口の再生産過程（結婚、出産、子育てなど）のさまざまな阻害要因を除去・緩和することを直接の目標とし、その実施結果の波及効果の1つとして、出生率等が向上・回復するという、間接的（潜在的）な効果をもたらす施策（施策2：安心して妊娠・出産・子育てできるための環境整備、施策3：母子保健・予防接種の充実）も確認できます。

つまり、これまで見てきた基本目標は、地域社会の持続可能性を確保するため、施策・事業を実施することにより、結婚、出産、子育てに対する不安や経済的負担、さらには若者の雇用環境の劣化など、人口の再生産過程を阻害するさまざまな要因に直接、間接に影響を与え、それらの要因が改善されることを期待し、地方版総合戦略に位置づけられたものです。

特に、今回検討素材としている婚活支援施策は、若者の結婚の希望をかなえることにより、若者の晩婚化と非婚化を解消する状態をめざすものです。

また、最終成果として、晩婚化と非婚化を緩和、解消することにより、出生率（数）を維持、向上させる。さらに、長期的には、人口置換水準まで回復することをめざしているのです。

（3）「基本目標全体」のロジックモデルを作成する

最後のステップは、基本目標全体のロジックモデルの作成です。このロジックモデルは、施策・事業において資源の投入から最終成果（政策目標）に至る因果関係を明確化するものであり、基本目標の全体像を把握するために作成するものです。ここでは、前述した **（1）**、**（2）** の作業により確認した、地方版総合戦略が想定している問題解決のシナリオを記述するため、フローチャート型のロジックモデルを用いて図示しています。

図表3－2に基づいて、基本目標全体のロジックモデルを構成する各フェーズと、そのつながりを説明していきます。まず、「投入」では、地方版総合戦略で実施することが予定されていた施策・事業が財政当局に予算要求され、予算計上されます。続いて、「活動」では、予算化・事業化された施策・事業の実施準備が行われます。その後、「産出」では、予算化された施策・事業が計画に基づき実施されます。

これを受けて、「直接成果」では、計画で予定していた行政サービスなどが対象者に提供されます。続いて、「中間成果」では、行政サービスの対象者である地域の若者が抱いている、結婚・出産・子育てに対する不安感や経済的負担感などの阻害要因が除去、緩和されます（中間成果Ⅰ）。また、若

図表3－2　基本目標全体のロジックモデル

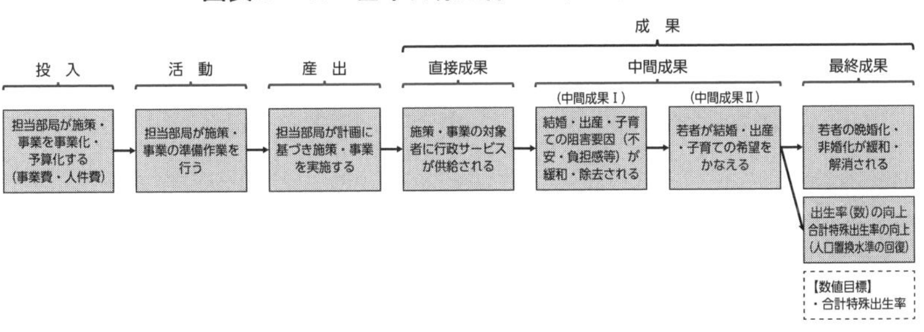

者が結婚・出産・子育てへの意識を変化、向上させ、結婚・出産・子育ての希望がかなうことが想定されています（中間成果Ⅱ）。

以上が最終成果を実現するための因果関係です。さて、その「最終成果」は、若者の晩婚化、非婚化が緩和、解消されること、地域社会の出生率（数）と合計特殊出生率が増加、上昇することですが、最終的には、人口置換水準レベルまで合計特殊出生率が回復することが期待されています。

今回分析対象とした基本目標は、全体として、こうした問題解決ストーリーを想定していると言えるでしょう。

3 ロジックモデルで計画・戦略に掲げられた目標が妥当であるかを検証しよう

本節では、計画・戦略における基本目標の見直し作業にロジックモデルを活用していきます。具体的には、**図表３－２**のロジックモデルと関連づけながら、基本目標の達成度を把握する最終成果（数値目標）の設定状況を確認し、その改善策を検討していきます。

（１）最終成果（数値目標）の設定状況を確認する

前述のとおり、地方版総合戦略では、基本目標の最終成果として、実現すべき水準を示す数値目標が設定されます。数値目標の評価方法は、**図表３－１**の例のように、基準値と目標値がそれぞれ設定され、この２つを比較することにより、基本目標の達成度を把握します。

我孫子市総合戦略の例を確認すると、**図表３－２**の点線四角のとおり、数値目標として「合計特殊出生率」を設定しています。これはロジックモデルとの関連で言えば「最終成果」の段階を把握していることになります。

（２）最終成果（数値目標）の改善策を構想する

① 改善策の検討

我孫子市総合戦略の最終成果（数値目標）の例では、「合計特殊出生率」が設定されていました。しかし、ロジックモデル（**図表３－２**）のうち、

「若者の晩婚化・非婚化が緩和・解消される」に対応する最終成果（数値目標）は未設定でした。

合計特殊出生率は、地域の出生の水準（出生力）を簡潔に示す指標のため、出生率のもっとも一般的な指標として用いられています。しかし、前述のとおり、出生率（数）は「結婚する人の割合（結婚についての動向）」と「結婚した夫婦間の出生行動の変化（夫婦間の子どもの数）」によって大きく影響を受けます。そこで、これらを多面的に把握するため、**図表３－２**の最終成果あるいは中間成果Ⅱの段階において、次の２つの成果指標を設定していくことが改善策と考えられます。

② 改善策１：出産（出生）に関する最終成果（数値目標）の設定

出産（出生）に関する最終成果（数値目標）とは、地域の「出産（出生）の動向」をモニタリングし、その変化について、施策・事業などの対応が行われた成果とみなす指標です。具体的な指標は、ａ．出産に関する基本的指標（出生数、普通出生率、合計特殊出生率）のほか、ｂ．出産行動を把握する指標（母の年齢別・出生数、母の年齢（５歳階級）・出生順位別・出生数、年齢別有配偶出生率）などが挙げられます。また、場合によっては、死産数に注目する必要もあるかもしれません。

③ 改善策２：結婚に関する最終成果（数値目標）の設定

わが国においては、出産（出生）のほとんどが、結婚を前提に発生しているので、出産（出生）の分析には結婚の分析が不可欠です。このため、地域の「結婚の動向」をモニタリングし、その変化について、施策・事業などの対応が行われた成果とみなす指標についても設定が必要です。具体的な指標は、ａ．結婚に関する基本的指標（婚姻件数、普通婚姻率）のほか、ｂ．晩婚化の動向を把握する指標（年齢別初婚率、平均初婚年齢）、ｃ．未婚化の動向を把握する指標（年齢階級別・未婚率、50歳時の未婚率（生涯未婚率））などが挙げられます。また、ｄ．離婚に関する基本的指標（離婚数、普通離婚率、有配偶離婚率）などにも注目していく必要があります。

④ 最終成果（数値目標）を裏付けるデータの把握

前述した②③の最終成果（数値目標）に関する数値データは、配偶関係にについては総務省統計局の「国勢調査」から、人口動態（出生・死亡・婚姻・離婚）関係は厚生労働省の「人口動態統計」がデータソースとなります。

実際の統計表は､政府統計のポータルサイト「**e－Stat（政府統計の窓口）**」から入手が可能です。市町村別の内訳データについては、二次資料ですが、毎年度刊行されている「市統計書」や、厚生労働省の人口動態統計情報を県が独自集計している「県衛生統計年報」、さらには、国のまち・ひと・しごと創生本部が公表している「地域少子化・働き方指標」などを活用すると入手が容易です。これらは、自治体ホームページの統計情報欄やオープンデータサイトなどで公表され､EXCEL形式の統計表や数値データが入手可能です。

（3）新たな最終成果（数値目標）の意義と必要性

① 指標追加の必要性

新たな指標を追加することは、基本目標に対する効果検証を複雑化し、屋上屋を重ねる愚行にも見えます。なぜ、こうした指標を追加する必要があるのでしょうか。

最終成果（合計特殊出生率の上昇、人口置換水準の回復など）の実現には長期間を要するのに対して、地方版総合戦略の計画期間は5年間と限られています。このため、実施した施策・事業が最終成果の達成に寄与しているのかどうかを確認していくことは、一般的に難しく、中間段階の成果を適切に把握しないと、地方版総合戦略の達成成果を判断できない状況になってしまうからです。そこで、**図表3－2**の中間成果Ⅱから最終成果の段階において、出生（出産）と結婚の動向を多面的に把握する指標が必要なのです。

本節（2）②③の最終成果（数値目標）は、政策課題とみなされる各種現象や**影響要因**の変化について、施策・事業などの対応が行われた成果とみなす指標（後述する社会成果指標の1つ）です。指標の例として挙げたものは、初耳の人も多いかもしれませんが、地域の出生力の年次変動を説明し、その将来動向を見通すために人口統計分析で一般的に利用されてきたもので、比較的簡単な計算により求めることができるものです。

② 追加した指標がもたらすメリット

地域の出産（出生）や結婚の動向を把握する指標を設定するメリットは、2つあります。第1に、計画・戦略の立案、実施、評価に影響を及ぼすような行政外部の影響要因の変化を探知することが可能となります。たとえば、年齢別初婚率、生涯未婚率、離婚率の変化などを定期的にモニタリングしていくことは、施策・事業の成果を把握するだけでなく、対応すべき地域社会の問題を発見するなど、新たな政策対応の端緒を開きます。また、年齢階級別・未婚率を把握することにより、婚活支援事業の課題量（対象集団の数量）を定量化したり、提供すべきサービス量を推定したりすることも可能となります。

第2に、影響要因を把握する指標を活用することは、計画・戦略の実勢に影響を及ぼす行政外部の要因とその変化に、関係主体の目を向けるきっかけとなります。実務担当者がこのような情報を把握しておき、審議会や有識者会議に提示することは、会議での議論を深め、より合理的な意思決定につながるなどのメリットももたらします。

4　ロジックモデルを活用したKPIの見直し

本節では、計画・戦略に位置づけられた「主な取り組み（事業）」が実施され、そこからもたらされる施策全体の成果を把握するKPIの設定状況を確認していきます。このための作業として、まずは施策に束ねられた事業の成果を把握するための施策のロジックモデル①（複線フローチャート型）を構築していきます。続いて、これを踏まえながらKPIの設定状況を確認し、その特徴と問題点を明らかにし、改善策を提案していくことにします。

(1) 婚活支援施策のロジックモデルを作成する

① ロジックモデルを作る施策・事業の概要

まず、地方版総合戦略の施策にパッケージされている中身（事業）を確認します。我孫子市総合戦略を例にすると、婚活支援施策では、「主な取り組み（事業）」として「婚活支援事業の拡大・充実」を掲げていましたが、具体的にはａ．「結婚相談窓口・相談所の設置」のほか、ｂ．「結婚・婚活に関するセミナー・講座の開催」、ｃ．「出会いの場の提供（婚活イベント開催）」という事業が予定されています。

② 婚活支援施策の目標の確認

次は、ロジックモデルの構築にあたり、婚活支援施策の趣旨と目標を確認していきます。

我孫子市総合戦略の婚活支援施策は、結婚を希望する若者が結婚できる環境づくりのために実施され、結婚相手に出会う機会を提供するとともに、若者の結婚に対する意識を向上させる、いわゆる「婚活」をサポートするものです。各種支援（婚活支援事業）により、若者が結婚の希望をかなえ、晩婚化・非婚化が緩和、解消していくことを目標としています。また、この施策は、結婚・妊娠・出産・子育ての切れ目ない支援の一環として実施されるものでもあり、基本目標の実現、つまり、若者が子どもを持つことにより、出生率（数）の回復・向上に寄与していくことも目標となります。

③ 婚活支援施策のロジックモデルの構築

以上の確認作業を踏まえ、婚活支援施策のロジックモデルを作成していくことにします。ここでは、施策のロジックモデル②（複線フローチャート型）を活用していきます。前章の作成方法を参照しながら構築したロジックモデルは、**図表３－３**のとおりです。これが婚活支援施策の成果を把握するためのロジックモデルの具体像となります。

図表３－３によりながら、ロジックモデルを構成する主な要素とそのつながりをａ～ｃの事業別に説明していきます。まず、事業ａ～ｃに共通する「投入」から「活動」では、婚活支援施策が事業化・予算化され、社会福祉協議会等に委託されます。

続いて、事業ａ「結婚相談窓口・相談所の設置」の「産出」では、市と社会福祉協議会が連携し、結婚窓口・相談所が設置されます。これを受け、「直接成果」では、結婚を希望する若者が、窓口・相談所に登録し、アドバイザーのカウンセリング・相談を受けます。続く、「中間成果」では、カウ

図表3－3　婚活支援施策のロジックモデル

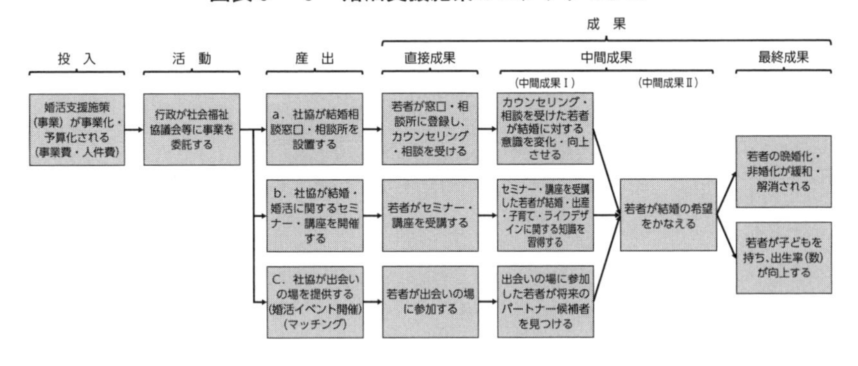

ンセリング・相談を受けた若者が、結婚に対して前向きになるなど、結婚に対する意識や意欲を向上させ、婚活に取り組みます（中間成果Ⅰ）。また、結婚相談窓口・相談所のアドバイザーの継続的な支援などを受けながら、結婚の希望をかなえます（中間成果Ⅱ）。

つぎに、事業b「結婚・婚活に関するセミナー・講座の開催」の「産出」では、委託を受けた社会福祉協議会が、結婚・出産・子育て・ライフデザインに関する知識を習得するためのセミナー・講座を企画し、開催します。続く「直接成果」では、結婚を希望する若者がセミナー・講座を受講します。これを受け、「中間成果」では、受講した若者が、結婚・出産・子育て・ライフデザインに関する知識を習得します（中間成果Ⅰ）。また、aと同様に、結婚相談窓口・相談所のアドバイザーの継続的な支援を受けながら、結婚の希望をかなえます（中間成果Ⅱ）。

つぎに、事業c「出会いの場の提供」の「産出」では、市、社会福祉協議会、地元協力企業が連携し、結婚を希望する若者に対して、マッチングサービス（お見合い・顔合わせ）や各種婚活イベントなど、出会いの場や機会の提供が行われます。これを受け、「直接成果」では、結婚を希望する若者が、マッチングサービス（お見合い・顔合わせ）を利用したり、婚活イベントに参加したりします。続く、「中間成果」では、出会いの場に参加、利用した若者が、将来のパートナー候補者を見つけます（中間成果Ⅰ）。また、結婚相談窓口・相談所のアドバイザーの継続的な支援を受けながら、結婚の希望をかなえます（中間成果Ⅱ）。

以上が、最終成果を実現するための因果関係ですが、「最終成果」では、ａ～ｃの各事業により、若者の晩婚化・非婚化の傾向が緩和・解消されることが期待されています。また、若者が結婚後に希望する数の子どもを持つことにより、基本目標の数値目標とする、出生率（数）の向上等に寄与していくことが期待されています。

（２）KPIの設定状況を確認する

地方版総合戦略では、前述のとおり、施策を構成する事業がもたらす成果を把握するためKPIが設定されます。我孫子市総合戦略の婚活支援施策のKPI設定状況を確認すると、直接成果の段階に「婚活イベント・講座の開催回数」というKPIを設定し、中間成果Ⅱの段階に「婚活事業による年間婚姻数（成婚数）」というKPIを設定しています。

（３）KPIの改善策を構想する

① KPIの設定状況から見た課題

計画・戦略の実効性を確保する上で、効果検証を的確に行うことは、重要な課題です。この課題に取り組むためには、計画・戦略の実施によりもたらされるさまざまな実施成果を、評価指標により多面的に把握、測定していかなければなりません。しかし、前述した（２）の結果を見ると、我孫子市総合戦略（婚活支援施策）では、総じてKPIを部分的に設定している状況でした。また、産出の段階に対する産出指標は設定されていませんでした。

では、計画・戦略の実効性確保と効果検証を的確に行うためには、どのような指標を追加したらよいのでしょうか。これには、成果をもたらす産出の段階を把握する指標（産出指標）の設定が第１の改善策となります。また、空白となっている領域、つまり、中間成果を中心にKPIを追加し、効果検証に用いる評価情報を豊富化していくことが第２の改善策になります。以下では、これら２つの課題について検討していきます。

② 改善策１：実効性確保の基礎となるKPIの設定

第１の課題は、計画・戦略の実効性確保と効果検証を的確に行うため、**図表３－３**の産出指標、つまり、成果の発現に大きな影響を与える投入→活動→産出という「施策・事業の実施プロセス」に関連するKPIを活用していくことです。

確かに、産出指標は、計画・戦略の執行状況の実態を把握・評価する指標であり、KPIが予定している成果指標ではありません。しかし、地方版総合戦略の実効性を確保していくためには、計画・戦略の確実な実施を確認する必要があります。また、施策・事業の実施プロセスは、成果の発現に大きく影響を与えます。

このため、計画・戦略の進行管理と施策・事業の効果検証を行う際の参考情報を把握するKPIとして、「窓口・相談所の設置数（箇所）」の他、セミナー・講座の「開講数（講座）」や「開催数（回）」など、事業の進捗状況を把握する産出指標を利用していくことが必要なのです。これらの指標は、特に、新規事業を計画・戦略に位置づけて実施する場合や、公共サービスの提供に至るまでに複数年を要する場合の成果検証に有用です。たとえば、結婚相談窓口・相談所を新規に整備する場合、開設場所の選定や設備整備のほか、実施事業者の選定や関係規程の整備などの開設準備が必要となりますが、こうした事業について、単年度毎に成果指標を設定することは難しいため、進捗状況を評価するKPIとして、産出指標を利用していくのです。

③ 改善策２：サービス成果指標の活用

第２の課題は、**図表３－３**の直接成果、中間成果Ⅰを中心にKPIを追加し、効果検証に用いる評価情報を豊富化していくことです。この際には、成果指標のうち、後述するサービス成果指標を具体化し、活用していくことが有用でしょう。サービス成果指標とは、行政サービスの供給量と行政サービスの利用状況を把握する指標です。直接成果、中間成果Ⅰの段階では、このような指標を活用して、産出からもたらされる成果を把握することが重要な課題となります。

以下では、各事業別にKPIとして設定することが考えられるサービス成果指標を提案していきます。まず、事業ａ「結婚相談窓口・相談所の設置」のうち、「若者が窓口・相談所に登録し、カウンセリング・相談を受ける」（直接成果）に対応するKPIは、「会員登録者数（人）」「相談カウンセリング件数（件）」が考えられます。また、「カウンセリング・相談を受けた若者が結婚に対する意識を変化・向上させる」（中間成果Ⅰ）に対応するKPIは、設定が難しいフェーズですが、代替的な指標として、「結婚による退所数（人）」「年齢階級別・未婚率（25歳～29歳・30～34歳・35～39歳の未婚率）の向上（ポイント）」が考えられます。

つぎに、事業ｂ「結婚婚活に関するセミナー・講座の開催」のうち、「若者がセミナー・講座を受講する」（直接成果）に対応するKPIは、「セミナー・講座参加者数（人）」の設定が考えられ、参加者の属性や相談履歴などを把握するかたちへと発展させていくことも事業運営に有意義でしょう。また、「セミナー・講座を受講した若者が結婚・出産・子育て・ライフデザインに関する知識を習得する」（中間成果Ⅰ）に対応するKPIは、受講者アンケート調査を行うことにより、「セミナー・講座の理解度（よく理解できたと答えた人の割合（％））」が設定可能です。

最後に、事業ｃ「出会いの場の提供」のうち、「若者が出会いの場に参加する」（直接成果）に対応するKPIは、「婚活イベント参加者数（人）」「マッチングサービス利用者数（人）」が考えられます。また、「出会いの場に参加した若者が将来のパートナー候補者を見つける」（中間成果Ⅰ）に対応するKPIは、「お見合い・紹介件数（件）」「交際開始数（件）」「（紹介後の）交際継続件数（件）」が設定可能です。これらに加え、事業ａ～ｃ共通のKPIとして、「支援内容に対する評価（相談・講座・イベントなどが役に立ったと答えた人の割合（％））」などの利用者満足度指標を設定することも、施策・事業の運営改善に役立つでしょう。

（４）計画の立案・評価にロジックモデルを活かそう

①　３つのツールを活用した計画・戦略の見直し

これまで、我孫子市総合戦略を例として、そこで想定されているロジックモデルを事後的に作成し、これと関連づけながら数値目標とKPIの設定状況を確認し、その改善策を提案してきました。本章で用いてきた、「基本目標全体のロジックモデル」と「施策成果を把握するためのロジックモデル」を活用した見直し作業を行うことにより、指標の設定状況の問題点の把握とその改善策となる新たな指標群の姿を、以前よりも見通すことができるようになってきたのではないでしょうか。皆さんも、本書の内容を参考にしながら、計画・戦略の見直しにロジックモデルをぜひ活用してみてください。

② ロジックモデルを活用した見直し作業のポイント

最後に、今後、別の計画・戦略の策定や見直し作業において、ロジックモデルの活用を進める上でポイントとなる点をまとめておきます。

まず、政策課題の性格や発生要因を確認し、これらと計画・戦略の対応関係を整理します。続いて、基本目標全体の目的と手段の論理的関係の全体像を把握し、「基本目標全体のロジックモデル」(**図表３－２**) を作成します。これは当該計画・戦略が想定する問題解決のストーリーを示すものであり、効果検証や指標選定の羅針盤となります。続いて、ロジックモデルを活用、応用した「施策の成果を把握するためのロジックモデル」(**図表３－３**) を用いながら、指標の設定状況をチェックし、必要に応じて、新たな評価指標を選択し、設定（再設定）していきます。以下では、この作業を行う上での留意点について、解説していきます。

③ 産出指標の特徴と活用上の留意点

第２章の説明のとおり、行政が直接行う行為が活動であり、実施した活動の直接的な結果として現れる事象が産出です。この産出を評価する産出指標は、投入→活動→産出という計画・戦略の執行状況の実態を把握・評価する指標です。つまり、行政などの実施主体が施策・事業を実施するプロセス自体を評価対象とする産出指標の設定は、成果の発現に大きく影響を与える執行過程の状況や問題点の把握を可能とします。

産出指標は成果指標ではありませんが、本節（**３**）②で説明したとおり、計画・戦略の進行管理や効果検証を行う場合などには、成果発現の基盤となる参考情報を把握するKPIとして活用することが有用なのです。

④ 成果指標の特徴と活用上の留意点

さて、投入→活動→産出からもたらされる成果は、第2章の説明のとおり、事業活動を実施した後の時間的経過に応じて、直接成果・中間成果・最終成果の3段階に区分されます。これらの成果を評価する成果指標は、直接成果→中間成果→最終成果という因果関係、つまり、「期待される成果の発現プロセス」を評価対象とする指標であり、主に施策・事業の達成成果を測定・把握していくものです。

指標の選定は、ロジックモデルの各段階、各フェーズに対応する指標を設定することが基本ですが、**サービス成果指標、社会成果指標、住民満足度指標**という3つの成果指標を意識しながら選定していくと、適切な指標を見つけやすいでしょう。以下では、各指標の意義と特徴を説明していきます。

まず、サービス成果指標です。これは、行政サービスの供給量と行政サービスの利用状況を把握する指標です。具体的には、a．住民ニーズの充足の程度を把握する指標（充足率、整備率、処理率など）、b．行政サービスに対する需要量を把握する指標（利用率、参加率、登録数など）、c．行政サービスの供給量を把握する指標（新設延長、施設の設置数、開発面積等）の3つから構成されます。**図表3－3**との関連で言えば、事業の成果指標（直接成果、中間成果Ⅰ）に対応するものとなります。

つぎに、社会成果指標です。これは、出生率（数）、婚姻率（数）など、政策課題とみなされる各種現象や影響要因に起きた変化について、さまざまな対応が行われた成果とみなす指標です。**図表3－3**の成果指標（中間成果Ⅱ、最終成果）のほか、基本目標の最終成果（数値目標）もこれにあたります。

最後は、住民満足度指標です。これは、サービス成果指標と社会成果指標によって把握される成果を地域住民の視点から捉え直したものであり、**住民一般満足度**と**利用者満足度**があります。利用者満足度は事業レベルの満足度（直接成果、中間成果Ⅰ）に、住民一般満足度は施策レベルの満足度（中間成果Ⅱ、最終成果）に対応するものとなります。

さて、評価指標の設定においては、正しいか否かの絶対的な判断基準は存在しません。だからと言って、これまで説明してきた指標をやみくもにフルセットで設定すれば完璧、というものでもありません。評価指標の選定においては、計画・戦略の効果検証の目的にとって、有用な情報になるかどうかという観点から判断することが大切です。　　　　　　　　　　　　　（林）

5　市民とともにロジックモデルを作成し評価してみよう

自治体経営において、市民参画や市民協働を推進する視点は欠かせません。さまざまな社会的な課題へ対応していくためには、多様な主体と協働しながらまちづくりを進める必要があります。

現在のまちづくりにおける市民との協働や市民参画の実態は、自治体ごとに異なっています。したがって、ロジックモデルの活用目的としても、まちづくり全体の方向性を確認していく場合や個々の施策や事業の改善につなげる場合など、さまざまなものがあります。このとき、ロジックモデルを市民や関係者等のコミュニケーション・ツールとして活用するのも有用です。

以下では、総合計画の策定（Plan）、評価（Check）、改善（Action）という一連のプロセスにおいて、どのようにロジックモデルを活用し、市民参画と市民協働による議論や検討を行えばよいかについて取り上げます。

（1）総合計画策定時の市民と行政の議論・市民同士の議論

自治体の総合計画策定における市民参画としては、市民がまちづくりに関して直接議論する場となる、「**市民会議**」や「**市民討議会**」（以下、「市民会議等」とする）を設置し、そこでの検討結果を行政が計画案作成の参考とする事例が増えています。

市民会議等では、広く自治体政策全般を展望し、将来の望ましいまちの姿を描くとともに、その望ましい姿を実現するための具体的施策等を提言します。審議会のように行政が作り上げた案に対して市民から意見を求めるのではなく、白紙から市民と行政が一緒に計画案を作り上げるものです。したがって、市民会議等を設置して総合計画を策定することは、市民と行政の協働や市民参画が一歩も二歩も進むことになるので、市民会議等の設置を積極的に検討すべきでしょう。

市民会議等を設置して新しい総合計画を策定する場合には、庁内で検討体制や検討スケジュールを整理し、全体の策定プロセスの中でどのように市民会議等の検討結果を反映していくかを、あらかじめ行政内部と市民との間で共有しておく必要があります。参画する市民は、検討結果としての意見が市政にどう反映されるのかに関心があるからです。

総合計画は、一般的に基本構想と基本計画および実施計画で構成されます。計画期間は首長の任期期間等とすることもありますが、おおむね全体10年間とし、中間見直しを行い基本計画が前期5年、後期5年とすることが多いです。長期スパンでまちづくりの方向性を定めることは、今後予想される将来の問題を見通しながら、既成概念にとらわれない検討が求められます。行政はどちらかと言えば既成概念での検討に陥りやすく、市民がどうこのまちを考えているか意見を聞きながら検討していくことは有益です。また、市民にも多様な考え方と価値観があります。市民間でもさまざまな意見を出し合って十分な議論をしていくことが、多角的な視点での検討となります。

基本構想であっても基本計画であっても、これまでのやり方や考え方では解決策を容易には見出し難い問題があり、目標となるような状態を想定し、そこを起点に現在何をすべきか検討する**バックキャスティング**による検討が必要となっています。なお、目標となるような状態に向けて具体策を実施していくためには、経営資源の投入について見通しを立てなければなりません。既存の施策等への経営資源の投入状況について現状分析も必要であり、その意味では**フォアキャスティング**の視点も求められます。その上で政策や施策を再構築することになります。

(2)市民とともに行う計画検討の進め方

市民会議等に参画する市民は、まちづくりに関して熱い思いを持っているものですが、行政の政策全般の現状と実態を熟知していることは稀です。市民会議等では頻繁にまちづくりの現状に関する疑問が市民から提出されるの

図表３－４　市民会議等と庁内における検討視点の例

市民会議等の検討結果をもとにした庁内での施策策定 → ← 市民会議等での検討

将来の都市像 → 政策の基本目標（政策） → 基本施策 → 施策 → 指標候補 ← めざすべき将来の姿（中間成果） ← 分野別10年後の将来像（最終成果） ← 市全体の10年後の将来像

施策 → 役割確認 ← めざすべき将来の姿（中間成果）

で、総合計画の担当課だけでなく、関係部局の職員が参加し説明を行うなど、政策形成の具体的議論としていく工夫が必要です。行政としては、まず市民の考える将来のありたい姿について、市民とともに認識し、ともに最終成果の設定を行うことが重要です。そして、現状を踏まえた上で、最終成果を実現するにはどうすればよいのか、具体策を市民とともに考え、策定していくことが、進め方としては妥当でしょう。

具体的には**図表３－４**のように進めることが可能です。市民会議等では、最終成果や中間成果の具体化と評価指標の検討にあたって、右から左に視点を移し確認していきます。一方、庁内では既存の政策や施策を起点にして、目的－手段の関係が成立しているかを検証し、めざすべき中間成果に対して指標設定を行うとともに、めざすべき中間成果に対して達成手段をきちんと準備しているか（手段の抜け漏れがないか、現在の手段は機能するものであるか）、左から右に視点を移し確認します。市民会議等と庁内は、双方で検討内容を何度となく共有し、視点を左右に行き来させながら、案を取りまとめていくことになります。行政が単独で案を作る場合より手数はかかりますが、建設的で持続可能な総合計画としていくことができます。

なお、協働での議論を進めていくにあたり、市民と行政のどちらか一方の立場に偏るのではなく、第三者による会議運営を行うことができるという意味では、民間のコンサルタントにコーディネートを委託することも有効です。

（3）議論の具体化によるロジックモデルの作成

市民会議等はワークショップ形式と全体会議の併用で議論を進めます。ワークショップは政策分野などでグループを編成しますが、グループの編成は会議ごとに変えるのではなく、ある程度固定し、議論の過程での一定の区切りで変える方が、議論を効率的に進めることができます。グループはファシリテーター、市民、職員（説明の役割を含む）で構成します。

市民会議等の進め方はさまざまありますが、**図表３－４**の例では、まちの将来像の設定、成果の定義、成果指標候補の選定、市民が希望する目標値の検討までは、いったん市民が想いを述べる機会として、現行総合計画等の資料を用いながらフリートーキングで進めることができます。この場合ワークショップのグループごとに、市民がまちの将来に向けた意見や、施策の現状に対する不満を付箋に書き出し、グループとしての考え方を体系的に取りまとめます。

次に、各グループの考えや思いをもとにして、成果を達成する施策の検討や、成果の目標値案を最終的に設定していきます。この段階になると、総合計画上の目的－手段の視点での検討と整理が必要となることから、ロジックモデルを活用することで議論が可視化されます。

最初は自治体職員もロジックモデルがどういうものかわかりません。活用の目的と可否の検討から、コンサルタント事業者などによる具体的な説明とサポートを受けて、その自治体としての進め方を決めていくことが有効です。総合計画担当課は、庁内にロジックモデルの活用と作成の進め方を説明し、庁内の理解を得ながら進める必要があります。

実際に市民会議等でロジックモデルを作成するにあたっては、まず総合計画担当課がコーディネーター及びファシリテーターを交え、作成の仕方の具体的な検討を行います。しかし、ロジックモデルの活用経験は、自治体職員だけでなくコンサルタント事業者も乏しい場合があります。したがって、まずは実践することを優先しながら、参画市民や職員に対して、ロジックモデルの活用により、議論の活性化と整理につながることを実際に体感させていく取り組みとすることが重要でしょう。筆者の経験では、市民会議等で運営側（総合計画担当課およびコンサルタント事業者）からロジックモデルを説明した後、各グループが市民の意見（貼り出した付箋）を目的－手段で整理を行い、何度か議論と試行錯誤を繰り返せば、ロジックモデルを作成するこ

図表３－５　市民会議等における中間成果の検討例

1.<政策の基本目標>子育てと医療・福祉の充実した明るく健やかなまちづくり
1－1<基本施策>子育て環境の充実

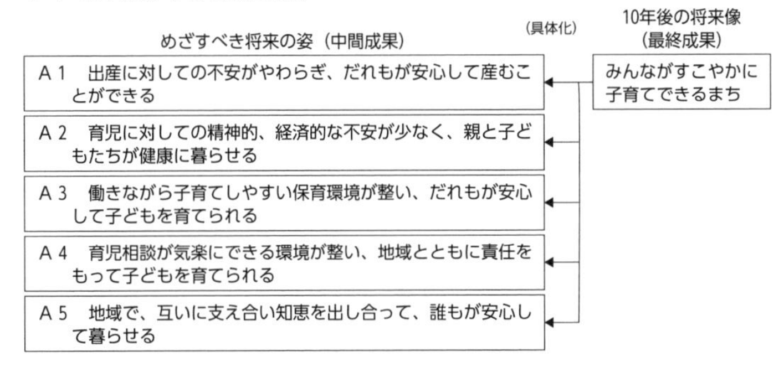

とができます。グループでは目的－手段の視点での検討で、技術的な助言が必要となりますが、ファシリテーターから目的－手段の視点での整理になっているか、グループ内に助言し、会議後に運営側（総合計画担当課とコンサルタント事業者）で全グループの検討状況を確認の上、次の市民会議等で行うべき事項を共有しながら進めるとよいでしょう。ロジックモデルの経験を有していなくても、ロジックモデルはコミュニケーション・ツールとして十分機能するものでした。市民会議等で作成されたロジックモデルをもとに、庁内でも検討を行い、最終的に自治体のロジックモデルとしていきます。

具体的には、たとえば「子育てと医療・福祉の充実した明るく健やかなまちづくり」という政策があるとします。市民会議等での中間成果の議論では、**図表３－５**のように目標となる状態の具体化で、可視化された資料が形成されます。庁内ではこの内容を受け、目的－手段の視点で中間成果を実現する施策や事務事業を整理します。庁内のこの作業においても、ロジックモデルの素案となる可視化された資料が形成されます。市民会議等と庁内で出された資料をもとにして、目的と手段の関係性を市民会議等と庁内が共有しながら確認し、ロジックモデルを作成していきます。また、市民会議等と庁内で中間成果を表す指標候補を検討し、その目標値も取りまとめていきます（**図表３－６**）。

市民会議等での検討では、めざすべき目標値が明確に定められない場合が

図表3－6　市民会議等における中間成果の指標検討例

<10年後の将来像>みんながすこやかに子育てできるまち

A1　出産に対しての不安がやわらぎ、誰もが安心して産むことができる			
●指標候補1：妊婦検診率	現状値	5年後の目標値	10年後の目標値
	88.6%	95%	100%
指標選定理由	確実に受診してほしいため		
●指標候補2：周産期死亡率	現状値	5年後の目標値	10年後の目標値
	1.1	0.8	0.5
指標選定理由	現状より低くなるべきだから		
●指標候補3：出産に伴い男性が育児休暇を取る割合	現状値	5年後の目標値	10年後の目標値
	0.8%	5.0%	10.0%
指標選定理由	政府目標が10%であることから、10年後は10%、5年後は5%とした		
●指標候補4：出生率	現状値	5年後の目標値	10年後の目標値
	―	―	―
指標選定理由			

図表3－7　ロジックモデル事例<子育て分野>

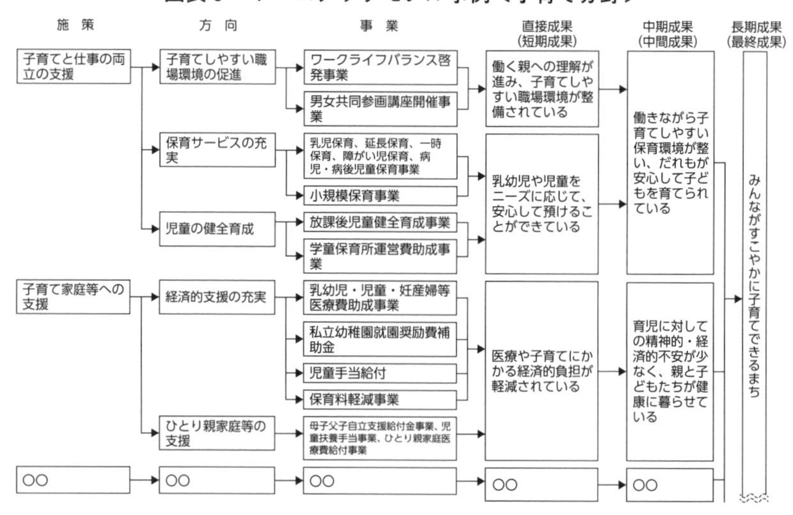

あります。**図表3－6**の例では、市民会議等として出生率（合計特殊出生率）を定めていません。この場合は、この目標値が「行政が自ら政策的に定めるべきもの」という認識によります。市民会議等と庁内で相互に内容を共有しながら議論を積み上げてきた結果として、最終的に自治体のロジックモ

多くの市民が参加、議論した「きたかみ未来創造会議」の様子。2008（平成20）年

デルを作成することができます（**図表３－７**）。

（４）ロジックモデルで変わる政策運営

総合計画の策定を市民と行政の協働により進めていくにあたり、ロジックモデルを活用することは、政策議論を深めることに寄与します。

計画の策定過程に参加した市民は、計画に盛り込んだ施策が首尾よくいっているか、逆に何らかの課題はないかなど、計画の進捗状況に関心を持つことになります。計画の進捗確認に対して市民から意見をもらう際には、以前作成したロジックモデルに基づき議論することが可能となります。行政は総合計画に掲げた施策の現状や実績値を示しながら、市民が意見を述べたり評価することも可能となります。

まちづくり全体を俯瞰する中でロジックモデルを活用する以外に、政策の範囲を絞ってロジックモデルを活用することが考えられます。たとえば特定の施策等の改善につなげるために、より詳細な検討を行っていく場合です。特定の施策等での詳細検討では、施策等の成果に対して構成事業が適切であるか、各事業が有効であるか（見直しする必要がないか）など、改善を前提とした具体的なものとなります。したがって、特定の施策内の目的と手段を可視化し、現状や実績値を用いながら議論を深めることの必要性が高まります。

こうしてロジックモデルを活用した議論により、より実践的な政策形成を行っていくことになります。なお、政策調整の結果や施策等の改善の結果として、目的自体や目的に対する手段が変わることがあるので、ロジックモデルを随時活用できるものとするためには、既存のロジックモデルを継続して修正を加えていくことが求められます。

6 財政部門からエビデンスを求められたとき

(1) 全庁的な政策調整により予算化していく基本的考え方

行政が仕事（施策・事務事業）を進めていくためには、予算編成で事業の遂行に見合う歳出が措置されなければなりません。

行政の経営資源は有限であり、まちづくりに必要な経営資源の投入は、市民へ合理的な説明を行い、市民の理解を得る必要があります。総合計画に位置づけられた目標（問題の解消を含め）を達成するための事務事業の必要性や事業手法の合理性を評価し、予算化することとなります。

予算編成スキームの実態は自治体によってさまざまです。全庁的に政策調整（各施策の総合計画上の位置づけを確認の上、施策が抱える問題に対する改善の方向性を決定していく）を行うことなく、首長査定があるとしても財政部門がすべてを査定するのであれば、まちづくりのための効果的な予算編成となるかは疑問です。財政部門だけでの予算査定の場合は、まちづくりを行っていく毎年度の政策調整の具体的な基準を、財政部門で持ち合わせていないからです。一方、全庁的に政策調整を行う中で予算編成を行う場合は、庁内の政策調整上の基準や、庁内検討の結果に基づき財政部門が予算査定を行います。

このため、事業の採択や事業費の増額を説明することについては、財政部門だけでなく、庁内の政策調整の検討に向けて求められます。以下、予算編成で財政部門を含めて全庁的に確認する基本的な観点（6W1H）と、予算要求部門がそれに対してどのようにロジックモデルを活用しながらエビデンスを示していくべきかを解説します。

① Why、Who（なぜ実施するのか、誰が担うのか）

予算査定は、コストの多寡や効率性の可否だけで決定するものではありません。予算査定では最初に、自身の自治体が関わるべき分野であるという役割（の有無、妥当性など）と、事務事業の必要性を確認します。多額のコストを予定する事務事業や、一般的に考えて費用対効果で劣る事務事業については、要求部門がその必要性を検証の上、財政部門に十分説明する必要があります。

事務事業の必要性を説明する場合は、事務事業の目的である**施策の実現にどれくらい有効であるか**について財政部門の理解を得ることが必要です。当該施策を強化すべきものとするならばその根拠を、また施策を構成する事務事業が手段として必要であることを、説明する必要があります。その説明には、施策に関する指標と、現状値や目標値を使用し、それらを関連づけた説明をすることが求められます。その際、施策内で事務事業を俯瞰できる資料として、**施策のロジックモデル①（複線フローチャート型）**や**施策のロジックモデル②（体系図型）**を用いて、該当の事務事業を説明するのが望ましいです。

② What、Whom（何を実施するのか、誰を対象とするのか）

要求部門は財政部門に対して、事務事業の内容を説明する中で、対象を誰にするのかについて判断根拠を示さねばなりません。前述①（Who、Whom）とあわせて説明することになり、事務事業が単体としても「手法として有効であること」を要求部門が財政部門に詳細に説明することとなります。通常この部分は、どの自治体でも予算要求書の中で行われています。主には財政部門による「予算査定」として行われるものです。有効性が認められないものは、予算計上が見送りとなります。

また、施策を構成する事務事業が妥当か否かという観点からの、全庁での評価もあります（施策評価の結果等を活用する「Action」に該当）。すなわち、全庁的に施策を構成する事務事業どうしを相対評価したり、類似事業や重複事業の有無を確認したりしながら、施策を再構築するものです。要求部門はこれらを示す資料として、施策評価の結果等とあわせてロジックモデル

図表3－8　ロジックモデル等を活用した説明の例

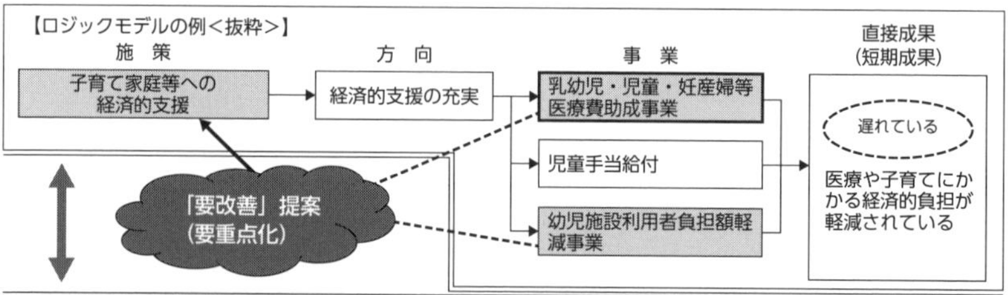

【ロジックモデルの例＜抜粋＞】

施策：子育て家庭等への経済的支援
方向：経済的支援の充実
事業：乳幼児・児童・妊産婦等医療費助成事業／児童手当給付／幼児施設利用者負担額軽減事業
直接成果（短期成果）：医療や子育てにかかる経済的負担が軽減されている（遅れている）
「要改善」提案（要重点化）

【施策評価シートの例＜抜粋＞】

市民意識調査結果の情報　①全施策中の満足度順位18位／31　②同重要度1位／31

成果指標	成果指標の説明	実績値		目標値		成果達成状況	
		R元(基準)	R2	R2(単年)	R5(最終)	R2(単年)	R5(最終)
子育てに関して経済的に負担が軽減されていると感じている子育て世帯の割合	市民意識調査（隔年実施）による把握	70.0%	65.0%	75.0%	80.0%	遅れている	遅れている

構成事務事業の内容

事業名	事業内容／アウトプット	事業費	成果達成の影響度
乳幼児・児童・妊産婦等医療費助成事業	○○	○円	高
児童手当給付	○○	○円	低
幼児施設利用者負担額軽減事業	○○	○円	高

成果達成状況の分析／今後の方向

①市民意識調査での把握では、ニーズが高いものは、医療費助成事業と保育料軽減であるが、当市では大きな改善をしていない。
②県内他市で新たに子育て支援を打ち出しており、当市の子育て支援策が遅れていると感じている人が増えている。
③市民が重要度1位にとらえる施策であり、早急に改善が必要。

を活用し、施策と構成する事務事業を可視化した説明とするとわかりやすいです。

具体的には、つぎのように進めることができます。「乳幼児・児童・妊産婦等医療費助成事業」の場合、要求部門はまず、該当する施策「子育て家庭等への経済的支援」の構成事務事業を示しながら、施策でめざしている成果に対して現状がどうなのか、説明します（**図表3－8**）。その際、ロジックモデルや施策評価の結果を用いることとし、指標の実績値のほか、市民意識調査など把握している客観的なエビデンスがあればそれも提示します。施策を改善（重点化も含め）する必要性を示し、その中の「乳幼児・児童・妊産婦等医療費助成事業」の改善の必要性を要求部門は説明します。

③ Where（どういう場面で）

事務事業の実施により、どの水準まで該当施策の目的を達成しようとするのかを要求部門が財政部門に説明します。実施する個々の事務事業で見込まれる、施策の成果達成への好影響はどのようなもので、その好影響により、属する施策がどのレベルの成果を目指すものであるのか説明することになります。たとえば**図表3－8**の「子育て家庭等への経済的支援」という施策では、それを構成する事業は「乳幼児・児童・妊産婦等医療費助成事業」や「児童手当給付」「幼児施設利用者負担額軽減事業」が存在し、事務事業単体では成果指標「子育てに関して経済的に負担が軽減されていると感じている子育て世帯の割合を○％にする」に、どの程度寄与しているか説明がつかない場合が多いです。これに対して、子育て世帯が経済的な支援を実感するニーズ（裏返すと不満足の要因）を分析し、複数あるニーズを要求度合いの高さで分類します。その上で、施策の構成事務事業のうちどの内容が充実していなければならないか、事務事業の優先度を検討します。当該事業の実施が、施策の成果達成に関してどれほどの「寄与度」が見込まれるか、施策と構成事務事業のすべてを示しながら説明をするとわかりやすいです。このため、要求部門が財政部門に施策と事務事業の因果関係を説明するにあたり、可視化されたロジックモデルで示すことが有効です。

④ When（いつ実施するものか）

必要性が認められる事務事業であっても、実施時期の判断は重要です。行政は、適時性の観点から、どの事務事業を優先して取り組むことがまちづくりの上で効果的であるかを、戦略性をもって判断することが求められています。したがって、成果達成のための道筋と、優先順位を明らかにした実施時期を説明する必要があります。このことは、コスト（将来コスト）抑制の面でも示す必要があります。

⑤ How much（どれくらいの経営資源を投入するのか）

予算編成にあたっては事務事業に係る諸費用を積算し、予算要求書等に記載します。どの自治体でも行われているように、経営資源の投入レベルが事務事業の実施目的に見合うものであるかを、要求部門はあらかじめ十分確認することが求められます。その上で、要求部門から財政部門に対して「最少の経費で最大の効果」を生むものとして、事業費の説明が求められます。

なお、財源の制約上、予算編成過程の終盤に、全庁的に事業費を削減する調整が必要となる場合が多々あります。個別の事務事業について、必要性を認めるものであっても、有効性の再確認（前述②の内容での再確認）と、適時性の再確認（前述④の内容での再確認）を行い、予算の調整が行われます。要求部門と財政部門の間での再折衝にあたり、再度要求部門がロジックモデルを提示し、施策と構成事務事業の現況と今後の意図する方向性を改めて説明の上、当該事務事業の確認と予算編成を行うことも可能です。

（2）全庁でエビデンスを必要とする時期

予算編成は、政策調整によりまちづくりの目的を実現していく上で必要なマネジメントです。要求部門が根拠資料を作成するのは、予算要求時に限ったものではありません。施策等の推進方策に関する改善内容とそれを実現する経営資源の投入について、自治体としての意思決定を行う際には、根拠資料が必要とされます。さらには、PDCAサイクルの各場面で庁内の政策議論が行われることもあります（**図表3－9**）。

したがって、要求部門は全庁に向けて、施策の現況と今後の方向性、事務

図表3－9　PDCAサイクルの各場面での政策議論

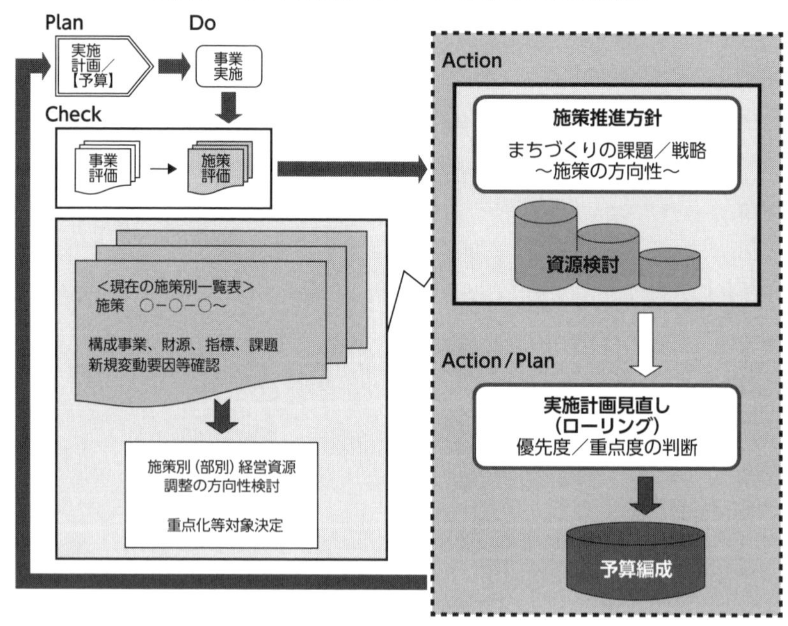

事業の必要性、有効性、適時性等を常に説明できるよう、用意しておく必要があります。

7　議員から政策の根拠を質問されたとき

議会では条例の制定・改廃、予算・決算等の審議等が行われます。予算は議決案件で、決算は承認案件となります。自治体の予算・決算は、目的別（たとえば、1款総務費～14款諸支出金）で事業別となっています。議員の関心は専ら各事業に向けられることが多く、当局からの説明も事業個別のものになってしまいがちです。このことは大いに改善していく余地があります。

総合計画はかつて地方自治法により、市町村に「基本構想」の策定が義務付けられていました。しかし、2011（平成23）年の地方自治法改正によって、策定そのものが市町村の判断に委ねられました。それでも多くの市町村では、現在も総合計画を策定しており、議会や市民に広く公表しています。したがって、議会から事業の根拠を質問されたとき、まずは総合計画の基本構想と基本計画に当該事業の実施目的がどのように記載されているかを示し、また今後の年次計画を含めた事業の詳細については実施計画をもとに説明することになります。ただし、総合計画の基本構想はたとえば10年間のような長期スパンで策定されることが多く、これに対して、基本計画については前期5年、中間見直しによる後期5年として策定されるケースがあります。

基本計画に搭載した主要な事業であっても、毎年度の政策調整（施策や事業の見直し）が行われますし、施策を構成する事務事業は実施計画の改定により対応していきます。また、基本計画にはすべての事業を記載していないこともあり、実施計画をあわせて説明に用いることになるでしょう。

行政から議会に対して、現在行われている政策調整を説明するには、施策等を分析・評価している**施策評価**が、政策の意思決定の背景を示すものとなるので、まずは各年度で行っている施策評価の結果を用いるのがよいでしょう。施策評価の結果はまちづくりの現状を施策単位で示す資料となります。その上で施策評価の結果をもとにした施策の新たな取り組み内容を資料に加え、事業の実施目的等の説明をします。

施策評価と施策の新たな取り組み内容を説明する資料は、基本的に庁内で作成した施策評価シートと、毎年度の施策や事業の見直しで作成する資料をそのまま使用することが可能です。行政から議会への説明にあたって、庁内検討と同様に政策体系で目的と手段の関係を可視化し、まちづくり上の事業の実施目的と、事業の実施により見込まれる成果を説明する必要があります。その際には、庁内で作成しているロジックモデルを活用し、**コミュニケーション・ツール**とすることができます。ロジックモデルと施策評価の結果をあわせて活用することにより、施策や施策の具体策となる事業に関して「よいか、悪いか」だけでなく、「どこをどう改善していくべきか」や、「どの施策を重点的に改善していくべきか」など議員間、議員と行政間で、より具体的な議論に進展させることもできるでしょう。

なお、行政評価に関しては、行政と議会との連携は多くの自治体で課題となっています。近年では議会が独自に評価を行う動きも広がっています。議会が行う評価は、行政が行った評価結果を使用するなど、評価の材料は行政が提供しているものです。議会が客観的に行う評価の内容がより深まっていくとすれば、施策は適切な事業構成となっているか、施策が想定している成果そのものが妥当なのかといった観点から検証されることになるでしょう。

（高橋）

8 ロジックモデルからEBPMへと展開しよう

（1）ロジックモデルも一度作って終わりではない

ロジックモデルは、政策の立案、実施、評価において重要かつ不可欠なツールです。にもかかわらず、自治体職員の間で正しい理解がなされていないことから、計画・戦略の効果検証には、おかしな成果指標の設定、あまり知られていない目標値の設定根拠など、多くの課題が生まれています。

このため、本章の１節から４節では、計画・戦略の効果検証、つまり、これらを構成する施策・事業の立案、評価の基盤となる、評価指標の見直しにロジックモデルを活用する方法を提案してきました。計画・戦略を読み解き、そのロジックモデルを可視化していくプロセスは、いわば目的と手段の論理的関係、因果関係を再度確認する作業とも言え、立案過程での不確実性と不完全性を縮減していく意義を持っています。

ロジックモデルを構築していく中で、計画目標の達成手段である施策・事業自体を見直しする必要性が出てくるケースもあるでしょう。特に、ロジックモデルを構成する各段階において、論理的関係があいまいであったり、仮説が立てられなかったりした場合は、施策・事業が目標達成手段として適切でないことが考えられます。このため、計画・戦略の内容の見直しを行い、必要に応じて、計画体系などを手直ししなければならない可能性があります。また、合計特殊出生率が大幅低下したなどのように影響要因の大幅な悪化が確認されたり、政策課題の解決に必要な技術開発がなされたり、当該政策分野において重大な事件・問題が発生し、新たな政策立案を迫られたりした場合などにおいては、一度構築したロジックモデルの根本的な見直しが必要になることがあります。

ロジックモデルは、計画・戦略を構成する施策・事業の立案、実施、評価に利用するツールであり、厳格な規範やルールではありません。ですから、どんなに策定に苦労したとしても、「金科玉条のごとく守る」のではなく、**定期的に検証と見直し**をする態度が求められます。ロジックモデルも一度作って終わりではないのです。

（2）政策の立案・評価に活用する際の留意点

ロジックモデルを構築し、計画・戦略の見直しや政策の立案・評価などに利用することは、本書全体で論じられているとおり、成果の可視化を担保するなど、政策過程にさまざまなメリットをもたらします。

しかし、行政の現場では先行研究や理論モデルなどを参照しながら、白紙の状態からロジックモデルを作成し、これに基づいて政策立案がなされているわけではありません。多くの場合には、本章の１節から４節と同様に、既存の計画・戦略からロジックモデルを記述することになります。このため、内容の充実したモデルの構築を可能とする反面で、懸念される事項も存在するのです。

つまり、計画・戦略を見直しする際の出発点に、ロジックモデルの作成と事後評価を位置づけ、立案と一体化した評価を行うことは、政策立案において必要とされる「**戦略的思考**」や「**仮説的思考**」を計画・戦略に取り込むことを可能とします。これにより、計画・戦略の新しい領域や内容、さらには先駆的な政策立案への展望などを生み出していくでしょう。

しかし、既存の計画体系と施策・事業が現実として存在するため、これらが目標達成に必要十分な手段かどうかという観点からの評価が、避けられてしまうことが懸念されます。これは、あり得べきほかの選択肢が排除され、既存事業よりもコスト面でも有効性の面でも優れている対策をみすみす見逃してしまうということを意味します。きわめて残念で、もったいないことです。これでは、時間とコストをかけ、わざわざロジックモデルを作り出した意味がありません。

ロジックモデルを活用した政策の立案・評価の本質は、現状の説明や正当化ではなく、政策課題を解決していくためのよりよい手段を見出すために行われることにあります。

（3）ロジックモデルからEBPMへ

さて、第1章で既に詳細に論じていますが、EBPM（エビデンスに基づく政策立案）が、自治体においても注目を集めています。

EBPMを推進していくには、ロジックモデルを明示しておくことが重要であるとされています。また、EBPMにおいては、ロジックモデルにより表された目的と手段の論理的関係と因果関係が統計データ等の分析により裏づけられるかどうかを検証することにまで踏み込んでいる点に留意が必要です。

つまり、EBPMに取り組むには、ａ．指標の設定・改善の基盤となるロジックモデルの構築、ｂ．ロジックモデルに基づく産出指標・成果指標の設定など、政策の基本設計にまつわる具体的作業をどのように進めるかという点が課題となります。

これらの課題への対応は、自治体の統計書や事務事業評価書などの既存の資料から、関係する項目を拾い出せば済むものではありません。特に、bの指標設定について言えば、前述のとおり、ロジックモデルの項目と関連づけながら、指標の妥当性をチェックしていく必要があります。また、設定指標が評価対象とした項目を把握する指標として必要十分なものであるのかどうかについても、確認していく必要があるでしょう。

とは言え、最初から完璧なEBPMをめざすことは至難の業です。まずは、運用結果の「ふり返り」をフィードバックし、実際に「使える」ロジックモデルと、「役立つ」指標となるようにブラッシュアップしながら、EBPMの足場を固めていくことです。ロジックモデルの活用と評価指標の体系的設定は、EBPMへの第一歩なのです。

（林）

ケーススタディ　＃3
ロジックモデルによる多様な戦略オプションで成果を希求する

習志野市（千葉県）
面積：20.97㎢　人口：175,292人
(2020年11月)

1．ロジックモデル策定のプロセス

習志野市は、基本構想に掲げたまちづくりの基本的な考え方である将来都市像を実現するため、目標および重点プロジェクトを具体化した「施策」について「基本計画」を、「施策」を実現するために「実施計画」を策定しています。

施策の実現に向けた事務事業をもって実施計画は構築されていますが、毎年度実施している事務事業については、2001（平成13）年度より評価のシステムとして行政評価制度を試行的に導入し、2015（平成27）年度からは、基本計画、実施計画の進捗管理を一層図ることを意図して、施策毎の評価を行っています。

習志野市では、基本計画を構成する施策にロジックモデルを一律適用するという考えはなく、さまざまな施策が複合的に作用するような取り組み等、可能な範囲の中で取り組むことが望ましいという考え方を持っています。

図表3－10　発達支援施策に関するロジックモデル

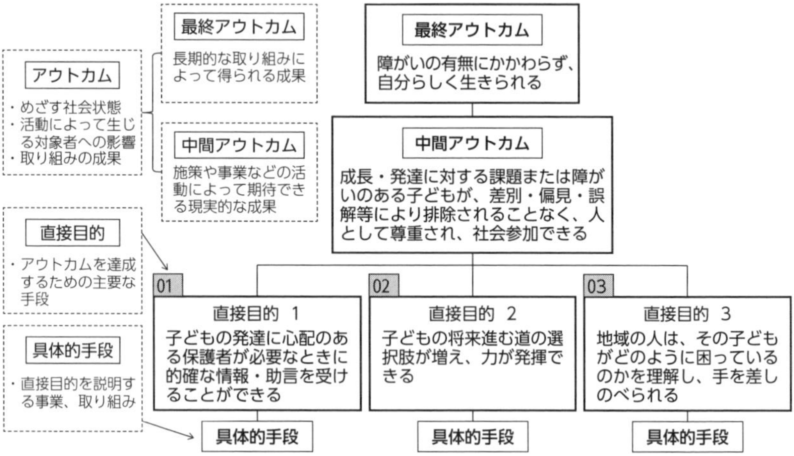

アウトカム
・めざす社会状態
・活動によって生じる対象者への影響
・取り組みの成果

最終アウトカム
長期的な取り組みによって得られる成果

中間アウトカム
施策や事業などの活動によって期待できる現実的な成果

直接目的
・アウトカムを達成するための主要な手段

具体的手段
・直接目的を説明する事業、取り組み

最終アウトカム
障がいの有無にかかわらず、自分らしく生きられる

中間アウトカム
成長・発達に対する課題または障がいのある子どもが、差別・偏見・誤解等により排除されることなく、人として尊重され、社会参加できる

01 直接目的 1
子どもの発達に心配のある保護者が必要なときに的確な情報・助言を受けることができる
具体的手段

02 直接目的 2
子どもの将来進む道の選択肢が増え、力が発揮できる
具体的手段

03 直接目的 3
地域の人は、その子どもがどのように困っているのかを理解し、手を差しのべられる
具体的手段

図表3－11　ワーク・ライフ・バランスを推進するロジックモデル

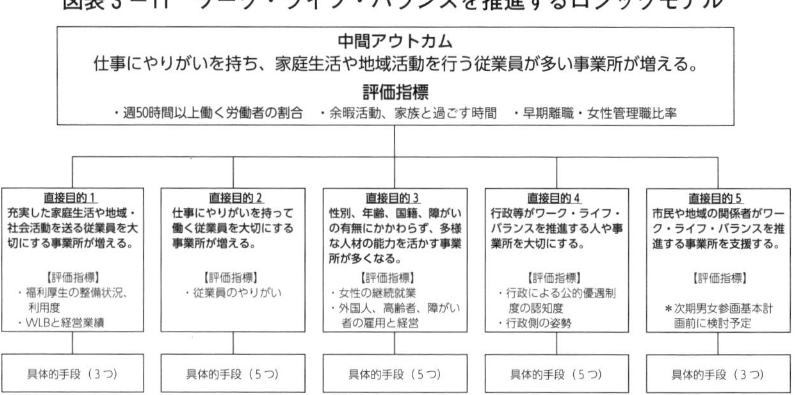

2．ロジックモデルを使った政策マネジメントに取り組むこととした背景

習志野市では、発達支援施策、ワーク・ライフ・バランス施策ならびにシティプロモーション施策にロジックモデルを導入しました（**図表3－10、3－11**）。

発達支援施策は、成長、発達に不安や心配のある児童に対する継続的な支援体制を進める取り組みで、近年、発達障害の問題とともに取り上げられることとなった特別支援教育に近接する比較的新しい政策分野です。ワーク・ライフ・バランス施策は、男女共同参画の文脈の中で、性別役割分担意識の見直しを切り口として進められてきた政策分野です。

これらの施策にロジックモデルを導入した背景は、個別具体的な施策や計画の実効性をより高めたいと考えたからです。事業担当者としては、幅広い戦略オプションの中からより実効性が期待できる取り組みを適時、選択しながら実施することを理想としますが、そのような具体的な政策マネジメントの手法はあまり知られていません。民間企業の経営については多様な戦略論を駆使した経営が多数存在するのに、なぜ行政には地域課題を解決するすぐれた経営手法が議論されないのでしょうか。もちろん分野ごとに有識者がいて、各々が提唱する理念や手法等はあります。しかしこれらの問題を公共政策として取り扱うにあたり、取り組みの改善改革を進める政策マネジメントの考え方や具体的な手法が知られていないのです。

上記の取り組みについては、総務省からの依頼により、同省主催の政策評価に関する統一研修（2015（平成27）年度（埼玉会場）、2016（平成28）年度（沖縄会場）、2018（平成30）年度（福岡会場））において、ロジックモデルに取り組む先進自治体として筆者らが事例発表を行いました。そのようなロジックモデルの強みを活かした習志野市の施策として、本稿ではシティセールスのロジックモデルの取り組みを紹介します。

3．シティセールスとは

シティセールスは、地域の認知度やイメージを高め、ヒト・モノ・カネを呼び込む活動です。その目的は将来的な人口減少に対して備えることであり、習志野市はその最終目標に地域資源を活用した習志野市のブランド化を置き、2016（平成28）年に新規事業として取り組みを開始しました。少し詳しく見ていきましょう。

施策を推進したのは民間企業から公募で選ばれたレコード会社出身の「まちづくり広報監」です。シティセールスは新しい概念で方法論が確立されておらず、また、ブランド化は高度な専門性を有します。この新事業の推進には庁内外の共通理解の醸成が重要と考えて策定した計画を収めた、少し変わった文書が「習志野市シティセールスコンセプトBOOK」です。

4．「習志野市シティセールスコンセプトBOOK」とロジックモデル

習志野市シティセールスコンセプトBOOKは、一般的なＡ４判の行政文書ではなく、縦19㎝×横19㎝の正方形という判型で、図解や写真を多用し、絵本のよう

図表3－12　シティプロモーションのロジックモデル（部分）

	取り組みの目的 ＝理想の姿 ＝最終アウトカム	目的達成のための目標 ＝中間アウトカム	目的を達成するための成果 ＝アウトプット
ロジックモデル①【愛着醸成】	**愛着醸成** 住民が今以上に習志野市に愛着・誇りを持つ	**知る** 住民が習志野市について詳しくなる	職員が自信を持って市をPRできるようになる
			住民のニーズにあわせた情報発信ができるようになる
			住民相互の情報発信がしやすくなる
		交わる 住民が地域に根付く	住民が地域の仲間を増やす
		実感する 住民が地域の一員の自覚を持つ	地域活動に参加する住民の割合が増える
		高まる 住民が市に対しより良いイメージを持つ	習志野市を快適に感じる人の割合が増える
			習志野市に対して好感を持つ機会を増やす

な体裁にまとめました。また、「○○計画」や「○○基本方針」ではなく、ファッション業界などでブランド理念の浸透を目的に使われるコミュニケーション・ツールの名称である「コンセプトBOOK」と名づけました。

シティセールスには幅広い戦略的手段が必要です。そこで、多角的な戦略立案のためにロジックモデルを導入しました。

達成すべき理想のかたち＝最終アウトカムに「愛着醸成＝住民が今以上に習志野市に愛着・誇りを持つ」と「定住促進＝習志野市の知名度・イメージが向上する」の2つを置きました。また、中間アウトカムに「知る」「交わる」「実感する」「高まる」を配置し、「住民のニーズにあわせた情報発信ができるようになる」「習志野市に対して好感を持つ機会を増やす」など、目標を達成するための成果＝アウトプットを定めています（図表3－12）。

これに基づき、毎年度アクションプランを作成して個別施策を実施しています。

ロジックモデルを導入したことで目的が明確になり、個別の施策に優先順位をつけることができます。また、「MECE（漏れなくダブりなく）のチェックが容易」になります。市職員は「何か物事を考えてみよう」というときに、庁内にある前例を探すことで必要十分としがちで、他の自治体や民間の事例など目的達成のために必要な幅広い調査を苦手とする傾向がありますが、ロジックモデルで考えると、何を、いかに調べればよいかがつかみやすいです。

5．ロジックモデルに基づいた施策例

シティセールスの実際の取り組みとして、最初に手がけたのが若者へのアプローチです。市内にある理系3大学の学生が卒業を機に市外に転出するという問題があり、学生と一緒にガイドブック「ナラシノオト（NARASHI－NOTE）」を作成しました。「学生生活に役立つ」のがねらいでしたが、学生の視点は市民にも好評で第2弾も作成しています。

つぎに、職員の情報発信力の強化を目的とした「各所属対抗・施策PRポスターコンテスト」に取り組みました。庁内の88部署が参加し、施策PRポスターを作成して優劣を競うものです。これほど多くの部署が参加する庁内コンテストは珍しいようで、広報専門誌で2ページにわたってご紹介いただきました。

そして、音楽のまち習志野の象徴の1つ、市立習志野高校吹奏楽部の演奏を収録したPR動画が「レッツゴー習志野オフィシャルミュージックビデオ」です。低予算ながらドローンを駆使してスタイリッシュに仕上げ、90万回超の再生を記録、全国広報コンクールの千葉県最優秀映像作品に選出されました。同時に製作したDVDは発売日に行列ができる人気で即完売。売上は生徒の部活動の費用に充当しています。その他にも、さまざまな施策に取り組んでいます。

「習志野シティセールスコンセプトBOOK」は2020（令和2）年2月、日本計画行政学会が主催した「第18回計画賞」において優秀賞に選出されました。同年3月には「習志野市シティセールスコンセプトBOOK　2nd」を策定。巻末に2016（平成28）年度から2019（令和元）年度までのアクションプランのロジックモデルを図示しています。

≪コラム③≫ロジックモデルは事務引継ぎにも有用

自治体では、人事異動や休退職等があった場合、事務引継規程に基づいて、前任者（引継者）から後任者（引受者）へ事務の引継ぎが行われます。

一定以上の役職者の場合には前任者が事務引継書を作成することが多いですが、事務引継書の作成を省略し口頭で説明を行ったり、役職者以外は引継

書を作成しなくてもよかったりと、自治体によって対応はいろいろです。

しかし、人事異動は行政組織の生産性や能率性の向上、ひいては住民福祉の増進を図るための戦略の1つです。前任者が「書類を作らなくてもわかっているだろう」と勝手に判断し口頭でしか説明しなかったり、前任者から後任者への引継ぎがスムーズにいかなかったりすると、後で思わぬミスやトラブルを招きかねません。よって、なるべく口頭の説明だけではなく、文書による引継ぎもしておいたほうがよいということになります。

自治体の引継書には、団体によって異なりますが、事務概要、現状と課題、今後の方針、懸案事項、未処理・未着手事項、予算額・予算執行状況、職員事務分担などの記載欄があります。しかし、こうした内容の引継書では、所管する施策や事業を実施することが直接的にはどのような成果をもたらし、また最終的にどのようなまちづくりや地域づくりに寄与するものであるのかが明らかではありません。

そこで、ロジックモデルを事務引継書の付属資料として添付することをお勧めします。ロジックモデルは、施策・事業の実施から最終成果（最終ゴール）に至るまでの因果関係をフローチャート化したり、逆に最終ゴールを実現するためにはどのような手段（施策・事業）が必要であるかを樹形図として体系化したものです。つまり、ロジックモデルには政策推進に最も重要な要素が簡潔に盛り込まれているだけでなく、それらがわかりやすく可視化されているわけです。特に「可視化」によって、政策マネジメントの継承が円滑になるとともに、組織内で政策目的や政策目標とその手段が共有化されやすくなります。

もっとも、人事異動の内示が発令されてから慌ただしくロジックモデルの作成に取りかかるよりも、時間的に余裕のあるときに熟慮を重ねながら作ったほうがよいのは言うまでもありません。事務の引継ぎも、できるかぎり効果的かつスマートに行いたいものです。

（佐藤）

第4章

ロジックモデルを庁内に導入してみよう

→→→→→→→→→→→→→→→→→→→→→→→→→→→→→→→→

この章では、自治体での導入経験を踏まえて、庁内にどのようにロジックモデルを導入し、普及していくのかについて解説します。結論から言うと、ロジックモデルを庁内に導入することは、そう簡単ではありません。どこの自治体でも、組織への導入にはさまざまな抵抗があるものです。自治体は、組織の中で培われた慣行が強固に根づいており、新しい行動様式を受け入れる組織のキャパシティがきわめて低いからです。この章では、最初にロジックモデル導入を拒むこの組織の慣行について概観します。その上で、これらの組織の慣行を打破していくには、どのような考え方で臨んでいく必要があるのかを紹介します。最後に、全庁的に導入したケースと職場単位で導入したケースに分け、それぞれ頻繁に尋ねられる質問に答えていきます。

1 ロジックモデル導入を阻む組織の慣行

筆者は、2009（平成21）年９月に公募で豊岡市（兵庫県）の副市長に就任するまで、京セラ（株）で30年勤務していました。京セラでは、当月の予定と実績、次月の予定が毎月発表され、全社員が会社の最新の部門別業績を共有します。社員の１人ひとりに経営者意識を持ってもらうことが重要視され、規則による管理に頼るのではなく、アメーバ組織という小さな単位の組織に裁量権を与え、目的により管理していました。京セラでは、目標達成のために、現在の活動を常時見直すという思考回路が浸透していたのです。

豊岡市に入庁して最初の１年間、議会、予算査定、庁議、経営会議等、さまざまな会議に参加しました。しかし、現在の計画遂行状況を評価して、どのようなアクションを取るべきかを検討するルーティン（一連の決められた活動）が見つけられませんでした。総合計画策定委員会においては、有識者や関連団体の代表が集まり、市の戦略が議論されます。また、行政改革審議会では、策定された改革計画の進捗状況について外部の有識者に報告がなされ、その対応策が議論されます。しかし、これらの会議は計画策定（Plan）や現状評価（Check）が主目的の会議であり、これらの会議からは、京セラで体験してきた「**経営をする**」という主体的な意思は感じられませんでした。また、市民や議会から課題が指摘されれば、その対応策について庁内で検討することになります。しかし、市の経営幹部と現場で執行している職員が定期的に集まり、目標とした成果を達成するには何が課題で、その課題解決には何が必要かを総括して議論する経営の場が設定されていなかったのです。自治体では、予算編成、議会審議・決定、執行、決算というお金の使い方が年間マネジメントの中心となり、成果の追求をするルーティンが設定されていないのです。

外部の民間企業から自治体の行政組織に入ったわけですが、当初は改革案を提案しても、ほとんどの提案は受け入れてもらえませんでした。どうすればできるかを前向きに考えてはもらえず、その提案ができない理由を聞くことになるのです。ロジックモデルも同様で、新しい改革の仕組みを組織に導入しようとするとき、行政組織の旧来の慣行が障害として立ちふさがることになります。このように、「環境の変化、戦略の変化に対応して変わるべきはずの組織行動が変わらずに、旧来の行動パターンが継続されるという現象」を、経営学者の加護野忠男は「**組織の慣性力**」と呼んでいます。この節では、自治体において何がこうした「組織の慣性力」の源となっているかを解説します。

(1)「戦略計画学派」の戦略思考

戦後日本の復興を支えてきた中央集権型の計画行政は、データ収集と分析によって事前に戦略を策定できると考える「戦略計画学派」の戦略思考に基づくものです。計画行政は、策定された計画は常に正しく、その計画どおり執行しなければならないという職員の思考回路を作り上げてきました。戦略策定と戦略執行は分離され、一旦戦略を策定したら、その戦略で決められた計画を粛々と執行すればいいわけですから、現場の職員には、政策の目的・手段や原因・結果の関係を考えることは求められず、ロジックモデルは必要ではなかったのです。

計画行政は、将来の予測が可能で右肩上がりの安定した成長期にはうまく機能しました。人口増加や税収増加が見込める右肩上がりの高度成長期は、今日よりもよくなる明日を信じ、夢のある計画を立てられました。焼け跡から公共インフラ等の構築をすることが、国民の総意であったように、地域の基礎的ニーズは明らかであり、市民が合意できる計画の策定は、難しくはありませんでした。そうした状況の中、全国画一的な政策を推し進めるには計画行政がうまく機能したわけです。

しかし現代は、そのような状況にありません。人口減少、少子高齢化、国際化が進展するとともに、社会構造や生活環境が大きく変化し、地域社会のニーズの多様化と高度化が進んでいます。こういう時代に、予測した環境を予測どおりにコントロールできるということを前提とする戦略思考で経営ができるでしょうか。しかも、縮小や廃止が見込まれる事業を、策定時に計画に盛り込むのは簡単でありません。痛みを伴う計画は、計画策定に入る前から反対も大きいからです。それがゆえに、行政においては痛みが伴う改革は後回しになり、将来が読める比較的簡単な問題だけを取り上げ、計画化してしまう可能性が高くなるのです。そして一旦計画ができれば、計画期間に環境変化が起こっても、簡単に見直すことができないわけです。公共サービスの経営環境が大きく変化し、将来の予測が困難な現在では、旧来の計画行政は十分に機能しなくなっているのです。

右肩上がりの時代には、多くの民間企業でも「戦略計画学派」の戦略プラニングが重要視されてきました。しかし、変化の大きな現代において、民間企業における戦略プラニングの位置づけは低くなってきています。経営学者のヘンリー・ミンツバーグは、データ収集と分析によって合理的に戦略を策定できると考える「戦略計画学派」には、多くの限界があることを指摘しています。事前の分析で、現場のすべてのデータが戦略プラニングに採用されているわけではありません。策定時点で想定した状況は変化していますので、策定した戦略が機能しないかもしれません。また、策定された戦略も、現場で執行すると想定と違った反応が起こる可能性もあります。その際、状況に応じて対応できる、現場における裁量も必要となるでしょう。現場においても、戦略の執行を通じて改良・改善を行い、その経験をベースに策定された戦略そのものを見直すことが重要になってきているのです。

(2) 官僚制というガバナンス体制

明治維新以来、日本は中央集権型の官僚制に基づいて統治されてきました。官僚制の目指すものは、1つの目的達成に向けて、効率的に、長期的に安定したサービスを提供できる組織の実現にあるとされています。達成すべき目標に向けて、遵守すべき規則や手順に基づき、命令の一元化が貫徹されたヒエラルキー構造の中の役割や地位に応じて、分与された仕事を執行する組織がもっとも効率的であると考えられたからです。近代官僚制の組織は、命令の連鎖、分業体制、公式化、業績重視、非人格的手続きという特徴を持っているとも言われており、戦後の高度成長期の画一的な社会インフラの構築と福祉国家の実現に、その効率性を発揮してきました。

しかし、現代は、効率性を追求する官僚制の戦略思考だけでは、地域社会のニーズの多様化や高度化に対応できなくなっています。工業社会から情報化社会に入り、民間企業は加速的に変化する社会に対応するために、戦略思考そのものを変えてきました。しかし、民間企業と違い市場競争がない行政においては、官僚制で培われてきた思考から抜け出せないのです。さらに、行政職員として規律を遵守することを過剰に叩き込まれた結果、合理的政策実行のための手段であった規則の遵守そのものが目的化してしまい、行政職員の杓子定規的な対応が生まれてきます。規則を守ることが「目的」となってしまい、何のためにその規律ができたかを考えないがゆえに柔軟な対応ができなくなってしまうのです。このような合理性を追求する官僚制の特徴がかえって組織の弊害となることを、社会学者のロバート・キング・マートンは「**官僚制の逆機能**」と呼んでいます。規律の自己目的化、自己利害の擁護、規範の神聖化等、官僚制の特徴そのものに「官僚制の逆機能」の病理が内在しているのです。

地方行政の官僚制における組織変革の限界は、法規範やルールなどの「制度的要因」にあるのではなく、職員自身の「行動的要因」に起因するところが大きいことを社会学者の田中豊治は明らかにしています。官僚制組織から脱官僚制組織へという新しい枠組みを創出していくために、「組織理念」(組織目的など）を変革し、つぎに「構造」（機構改革、新制度導入など）を変革し、さらに管理運営過程における「機能」（地位―役割関係など）の変革を進めたとします。「組織理念」や「構造」の変革はスムーズに導入できますが、人間の行動変革に結びついている「機能」の変革は困難なのです。新制度による改革ができるかどうかは、それを実施する行政職員の新制度に対する理解の仕方や意識と、その改革を実現させようとする熱意や能力に依存しているので、真の組織変革には、職員の意識改革を視野に入れた組織改革が求められているのです。

行政改革委員会等で、職員のコスト意識改革への対応を求められることがあります。あなたが担当職員だったら、どのような改善策を講じるでしょうか。「コストを意識する」といった行動指針の策定をする。そして、庁内でセミナーを行い、その行動指針の啓蒙を行う。さらに、行動指針の推進委員会を作り、具体的なコスト削減計画を策定する。これらの対応策で職員の意識改革は起こるのでしょうか。埃をかぶった行動指針とコスト削減成果の報告書は残るかもしれません。しかし、改良・改善活動を継続的に率先して行う職員は育成できるでしょうか。職員1人ひとりがコストを意識した具体的な行動に踏み出さないと、職員の意識は変わらず、真の改革は起こらないのです。

（3）予算制度というマネジメントサイクル

公会計における予算制度下では、年初に1年間の当初予算、四半期ごとに当初予算に対する補正予算が策定され、それぞれ議会での承認を経て、行政活動が可能になります。民間企業の視点に立てば、この予算策定と議会承認という、組織内部の計画承認に多くの時間を費やすにもかかわらず、実際の活動成果と改善策について充分な議論ができていないのは驚くべきことです。その上、いったん予算案が承認されれば、予算を獲得した事業を計画どおり執行することが目的になってしまうのです。予算によって執行された計画が、目的とする成果に結びつくように、現場で延期や修正が検討されることはほとんどないのです。

図表４－１　PDCAサイクルにおける行政と民間企業の関心事の違い

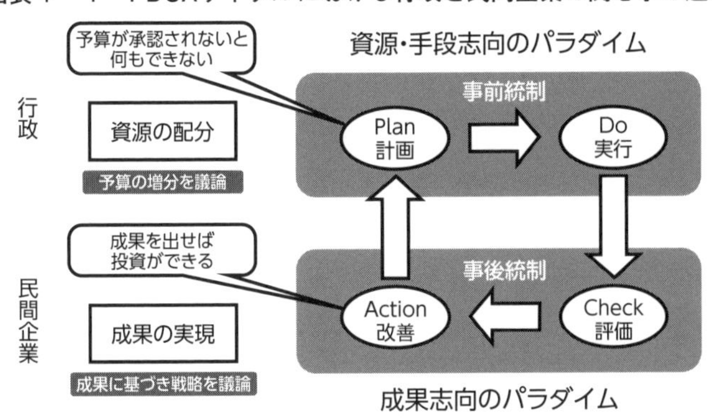

この問題解決のために、事後的な評価（Check）を強化し、PDCAを回すことを目的に事務事業評価が導入されてきました。しかし、官僚組織においては、本来は手段として導入した評価が目的となってしまい、目的であるはずの成果の実現が疎かになってしまうわけです。導入当初は目的意識も高く、事務事業評価は目的の１つであった歳出の削減効果をもたらします。しかし、時間の経過とともに削減効果もなくなり、官僚制の逆機能が働き、評価することが目的となってしまうのです。

図表４－１に、PDCAサイクルにおける行政と民間の関心事の違いを示しました。行政においては適正な予算配分を事前に査定し、議会の承認を得る**事前統制**が主であるのに対して、民間企業は成果を評価することで効果的な戦略にしていこうとする**事後統制**が主になります。議会では首長が提案した予算配分案の審議・承認が求められるのに対して、株主総会では企業の業績向上を株主から追求されるからです。

職員に新しい試みを提案すると、「予算化されていないので来年度検討しましょう」という答えが返ってくることがよくあります。いまの事業がうまくいっていなくても、来年度の予算を取らないと問題解決の検討ができないと考えるのです。予算がなくても対応すべき活動は、たくさんあるはずです。民間企業では、事業がうまくいっていなければ、速やかに戦略の変更が必要ですし、事業がうまくいっていれば、さらに投資すべきと判断します。一方、自治体では予算による事前統制が強く、予算編成に多くの時間がとられるなかで、予算の獲得が仕事となり、予算がないと仕事はできないという資源・手段志向の行動様式が形成されていくのです。

民間企業では、成果を評価し、つぎの戦略を考える事後統制が経営の要になります。京セラでは、事業担当部門において予算を意識する必要がありませんでした。自己資金が充実しており、投資は年中いつでも稟議申請が可能で、必要なときにタイミングを逃さず、投資をすることが重要と考えられていたからです。ただ、その投資決定には、投資の根拠となる数字とロジックが求められるだけでなく、投資を申請したチームは、その計画の実現に対するコミットメント（誓約）が求められるのです。そして、投資をした成果が実現できているかどうか、毎月実績評価をしながら、計画そのものに修正をかけていくのです。これに対し、行政職員は「最大の成果を出すために何をすべきか」を考える以前に、「公平で正しい手続きを経ているのか」という前提条件から考えるのです。問題に対して解を生み出す思考法がまったく違うのです。

2 組織の慣行を打破する改革の処方箋

この節では、最初に変革に向けためざすべき戦略思考の方向性を示し、その上で、組織学習という視点から職員の意識改革に必要なものは何かを考え、組織改革の実践に役立つ変革のプロセス理論を紹介します。

（1）戦略思考の転換：戦略計画から創発戦略へ

戦略策定を重視してきた「戦略計画学派」に対して、これからはどのような戦略思考が必要になるのでしょうか。従来の戦略思考は、戦略はトップダウンで策定され、その戦略を現場が執行するというものでした。そうではなく、現場での判断と行動の積み上げによって戦略は形成できると考える「**創発戦略**」の思考を持つことが大切です。

図表4－2は、戦略策定を重視する「戦略計画」と、戦略執行を重視する

図表4－2　戦略計画と創発戦略の違い

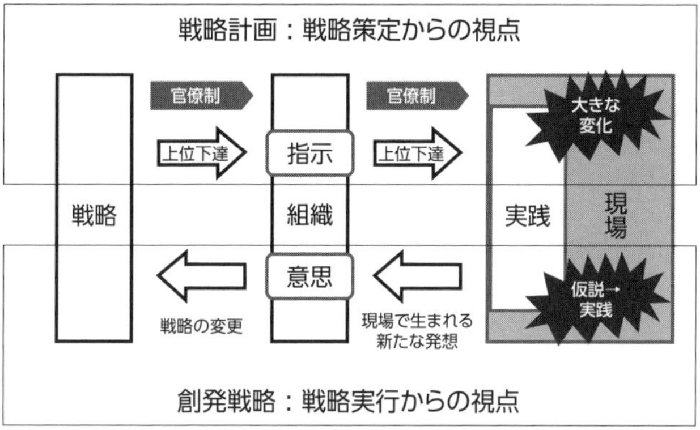

「創発戦略」の違いを図式化したものです。官僚組織では、計画で決められた戦略は、上意下達でその計画の執行を現場に指示します。そして、その指示を受けた下部組織は、その計画で決められたとおり執行することが求められるわけです。

これに対し「創発戦略」では、現場の課題を解決しようとする人たちの意思を大切にします。現場で計画を執行する人は、計画された戦略が現場で機能しているのか、他の効果的な方法はないのかを考えながら、策定された戦略そのものの見直しもしていきます。つまり、現場での実践の中から、戦略が創発されていくと考えるのです。特に、現場に近い基礎自治体では、志のある職員が現場で執行をしながら、戦略を形成していくという創発的な戦略思考が求められます。将来予測が難しい現代において、多様化・高度化している地域社会のニーズをしっかりとらえ、現場の衆知を集め、新しい戦略を現場から創出していくためには、この「創発戦略」の戦略思考への転換が求められているのです。

（2）職員の意識改革を可能にする組織学習

新しい戦略思考や成果主義の行動様式、そしてロジックモデルを行政職員に体得してもらうには何が必要かを、**組織学習**という視点から考えてみます。

経営学者ジェームス・マーチの「知の探索・知の深化の理論」という有名な論文があります。「**知の探索**」とは、これから体得できるかもしれない「新しい知の追求」であり、「**知の深化**」とは「既に体得している知の活用」です。この論文では、組織の環境に対応するためのルーティン（一連の決められた活動）の変化を組織学習ととらえ、既存のルーティンを使い続けると、既存のルーティンの修正にとどまり、新しいルーティンの開発を排除する傾向があることが明らかにされています。つまり、「知の深化」を繰り返すと「知の探索」ができなくなるのです。

① 既存のルーティンの頑強性

既存のルーティンの頑強性については、自治体の組織におけるセクショナリズムのメカニズムの研究があります。この研究は、ある県の組織を対象として、①これまで役所というものを形作ってきた、「暗黙的に共有されている仕事の進め方やものの考え方」がどのようなかたちで存在し、どのように共有されてきたのか、②どのような影響を職員に与えるのか、③そしてこれらがどのようなプロセスで学習されているのかについての調査が行われました。

その結果、①組織文化や部門文化は、職員それぞれが自分と他者の役割というものをまず定義し、その役割間の関係性から形成される規範のようなものであり、日常業務、会議、上司との確認作業などにおける双方向の学習によって、維持や新たなものの積み上げが行われている、②組織文化が、他者や他部門、またはこれらの役割というものを強く意識した上で行動を起こすという、行政職員の行動パターンの裏づけになっている、③1つひとつの案件について行われている確認作業が大きな役割を担っている、という示唆を得ています。1つひとつの案件について行われている確認作業というルーティンは、確認作業以上の意味を持っているのです。自治体は、効率を追求する「知の深化」に関わるルーティンを繰り返す中で、「知の探索」に関するルーティングがなくなり、新しい知の追求ができていないのです。

既存の頑強なルーティンから「知の探索」を進めるルーティンを導入するには、組織の中に多様性を確保することが大切となります。組織の中に多様性を持たせることで、頑強なルーティンを所与のものとして考える集団に新たな発想が持ち込めるからです。自治体では、ほとんどの職員が高校や大学の新卒で採用され、全体の奉仕者として定年まで勤めることになります。民間企業のように市場競争はなく、利益を追求することを求められません。職員は、全体の奉仕のために仕事に専念することができるのです。しかし、このような価値観を共有する組織の中に長くいると、生産性や費用対効果という感覚がなくなり、市場競争の中にいる人々との感覚のずれが生じてくるのです。

筆者が行った自治体のある部門のインタビュー調査では、職員の意識改革に一番大きく影響を及ぼしたのは、若手の企業人の配属でした。インバウンドの拡大のために楽天トラベルから出向に来ていた彼は、会議に出ると、会議の目的は何で、何が決定されて、次の会議までに何をするのかの確認をするわけです。いままで情報共有程度に終わっていた会議が、目標達成のためのPDCAを回す会議に変わっていきました。「旅行客を増やすという目標達成のために何をすべきか、その戦略を考え、戦略を執行しながら、日々の活動の中で修正をかけていくことが重要です」とセミナーで学んでも、日頃のルーティンが変わらないと組織は変化しません。日頃のルーティンを変えることで、はじめて成果を追求するとは何か、生産性とは何かが体感的によくわかるようになるのです。

② シングル・ループ学習とダブル・ループ学習

組織心理学者のクリス・アージリスとドナルド・ショーンの提唱した「シングル・ループ学習」と「ダブル・ループ学習」という概念も参考になります。既存の前提の中での学びにとどまっている「**シングル・ループ学習**」と、組織が当然とみなしている現在の前提や枠組みを問い直し、新たな価値観の学習を可能にする「**ダブル・ループ学習**」の区別を、**図表４－３**に示しました。組織が継続した競争優位を確保するには、この２つの学習を両方とも実践することが不可欠なのです。

既存の方針を維持・継続したり、目標を達成したりする学習プロセスである「シングル・ループ学習」は、組織へのロイヤリティが高く、勤勉で、協

図表４－３　シングル・ループ学習とダブル・ループ学習

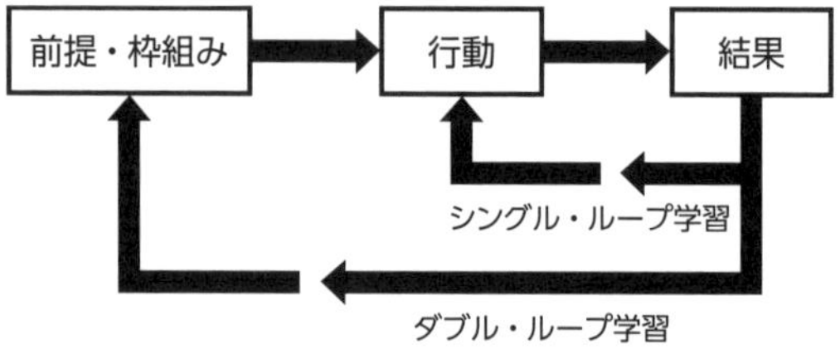

出所：クリス・アージリス“Double Loop Learning in Organization”をもとに作成

力的だが、詰まるところ自己防衛的な組織によく見られます。既存の枠組みを捨てて、新しい考え方や行動の枠組みを取り込むことができる学習プロセスである「ダブル・ループ学習」は、事業や状況にふさわしい情報と知識に基づいて行動し、自由闊達で忌憚のない議論、臨機応変な意思決定、変化を奨励する組織に見られます。

企業において、「シングル・ループ学習」が中心の企業はたくさんあります。市場が安定し、事業が安定している会社であれば、現在の価値観を問い直す必要がないので「シングル・ループ学習」の傾向が強くなります。しかし、市場の変化が激しい事業体や新規事業に取り組むときには、「ダブル・ループ学習」が求められ、新しい事業部や子会社を作ったり、事業そのものを買収したりします。組織の中に、新しい事業に対する高いアンテナを張り、新しい知識を吸収することを可能にするためです。

自治体は、終身雇用、年功序列という人事制度を通じて、同質性の高い組織を築いており、多様性の乏しい組織です。さらに、市場での競争もなく、外部の変化に鈍感なことから、自由闊達な議論を行い、臨機応変な意思決定が求められることの少ない組織です。したがって、自治体は「シングル・ループ学習」が中心となり、既存のルーティンから抜け出すことが難しい組織なのです。

自治体においても、「ダブル・ループ学習」を促進するのに、さまざまな取り組みがされています。新しい組織を作り、既存の名称ではなく、「コウノトリ共生部」（豊岡市）や「にぎわい推進室」（鯖江市）など、尖った名称をつけ、新たな活動を誘発しているまちもあります。もちろん、尖った部署には、尖った職員が配属されるケースをよく見かけます。民間企業から新たに職員が採用されるケースもあります。さらに、民間企業から成果主義に必要な知識を体得してもらうためにも、民間企業との協働による事業を推進することも重要となります。民間企業と目標を共有し、協働で事業を行うことで、企業の中で共有されている成果主義のルーティンを学ぶことができるからです。

(3) 創発戦略を実現する組織改革プロセス

自治体における改革は、首長がトップダウンで推進していくことになります。しかし、トップダウンによる階級組織を通じた制度的なアプローチだけでは限界があり、職員の意識改革をにらんだ組織改革モデルを視野に入れて検討することが重要となります。

① 組織変革プロセスの3段階

心理学者クルト・レヴィンは、変革を成功させるには、社員に「解凍―移行―再凍結」という3段階の意識改革を促進する組織変革プロセスが必要だとしています。「**解凍**」は、従来の行動パターンや価値観が望ましくなく、変革が必要であることを組織成員に認識させる段階です。つぎの「**移行**」は、新たに習得が求められる行動パターンや価値観を身に付けさせる段階であり、最後の「**再凍結**」は、新たな行動パターンや価値観を定着させる段階です。組織改革には、組織成員の行動パターンや価値観の変革が必要となることから、一歩ずつ段階を経ながら改革を進めるという基本認識を持つことが大切なのです。

② 知の探索を可能にする能動的活動の促進方法

ここでは、自治体に「創発戦略」を導入するのに参考となる経営理論を紹介したいと思います。1つ目が、加護野の組織認識論です。「**ひとびとは情報に反応する**」と考えた従来の情報処理モデルに対して、「**情報から引き出された意味に対して反応する**」と考え、その意味から仮説を立て、行為を行うことが新たな情報を生むと考えるのです。**図表4－4**で示すような認識サ

図表４－４　認識サイクル

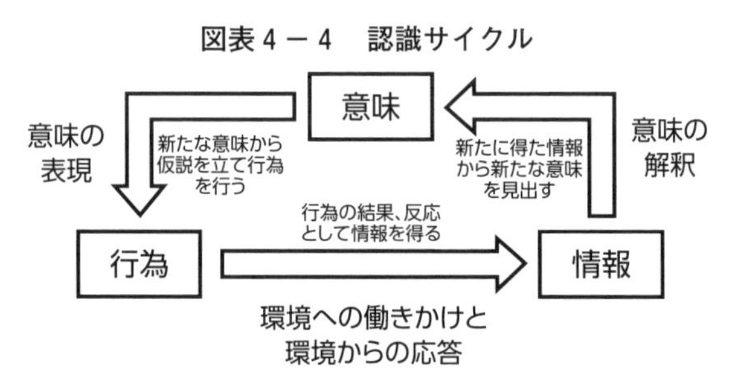

出所：加護野忠男『組織認識論―企業における創造と確認の研究―』をもとに作成

イクルを想定すれば、現場での人の活動の大切さが浮き彫りになります。すなわち、能動的に動くことで、より多くの情報を発生させ、外から新たな意味を読み取ることができるのです。まず正しい計画を策定して、策定した計画を執行するという単線的なプロセスではないのです。新たな意味を発見するために、仮説を立てて能動的に動くことで、知の探索プロセスが回転するようになるのです。さらに、この認識サイクルの流動化には、新しい行動様式を持つメンバーの導入が手段として有用です。

このような理論に基づき、加護野はパラダイムの革新成功例であるシャープ㈱と㈱住友銀行（当時）を挙げ、パラダイムの転換プロセスをモデル化しています。パラダイム転換の第１段階は、**変化の土壌づくり**です。２つの事例に共通するのは、トップによる問題、矛盾、緊張、危機などの不安定状態の創造と増幅でした。このトップによる「ゆさぶり」の生み出す危機感が、組織変革の心理的エネルギーの重要な供給源になります。

第２の段階は、**突出した集団の発掘と育成**です。集団の創造的な突出を促進するための５つの条件が挙げられています。①社内の雑音からの隔離、②集団内に十分な異質性を取り込むこと、③集団の規模を少なくとも初期の段階では小さくしておくこと、④きわめて挑戦的な目標と明確な納期の設定、ならびに、⑤予算、庶務手続きなどの組織的障害の排除です。

第２段階で最重要とされているのが、成功の実績を作り上げることです。実績こそが新しい発想の有効性を人々に説得する根拠となるのです。そして、この成功事例を作るために必要とされるのが、既存の組織から突出集団を発掘し育成することなのです。

そして、最後の段階が、**パラダイムの伝搬と定着化**です。それを加護野は「突出集団が生み出した新しい発想を社内に伝搬させること、発想の変化をさらに増幅させること、新しい発想システムとして体系化することである」と説明しています。

パラダイムの定着化は、再凍結のプロセスにあたります。3段階の組織改革プロセスでは再凍結は最後のプロセスになりますが、これで改革が終わるわけではありません。社会学者の山岡徹が指摘するように、単線的な変革プロセスモデルでは、不断の変革が求められる環境変化の大きな時代に対応するのは難しいのです。特にシステム化をして効率を求める官僚組織においては、一旦変革が終わると定着化させることが目的となってしまうことが多いので注意が必要です。

③ 個人の暗黙知を組織の形式知にする方法

「創発戦略」を自治体に導入するのに参考となる経営理論の2つ目が、野中郁次郎の**知識創造プロセス**で、継続的な変革プロセスに構築するのに役立つ概念です。組織は主体的に多様性を増幅させ、既存の思考・行動様式を破壊し、新たな思考・行動様式を創造することによって進化するという組織進化論において、その進化の本質を「情報の創造」にあるとしました。そして、「開発現場での一人ひとりの強い思い」が、この知識の創造の原点としたのです。知識を創造するのは個人だけであり、個人は経験に基づき主観的な**「暗黙知」**を持っているのに対し、組織が保有しているのは、過去から集めてきた合理的・客観的な**「形式知」**だけであると結論づけました。従って、知識を創造し活用するには、個人が持つ「暗黙知」を組み合わせ、組織の「形式知」にする必要があると考えたのです。

知識創造プロセスは暗黙知と形式知の相互変換であり、個人の「暗黙知」をどのように活性化、形式化し、組織として活用するのかというプロセスが重要となります。この暗黙知と形式知の相互作用は、知識の「共同化」「表出化」「連結化」「内面化」の4つのプロセスからなり、**図表4－5**のように表されます。共同化は「暗黙知から新たに暗黙知を得る共感のプロセス」を、

図表４－５ 知識創造プロセスの概念

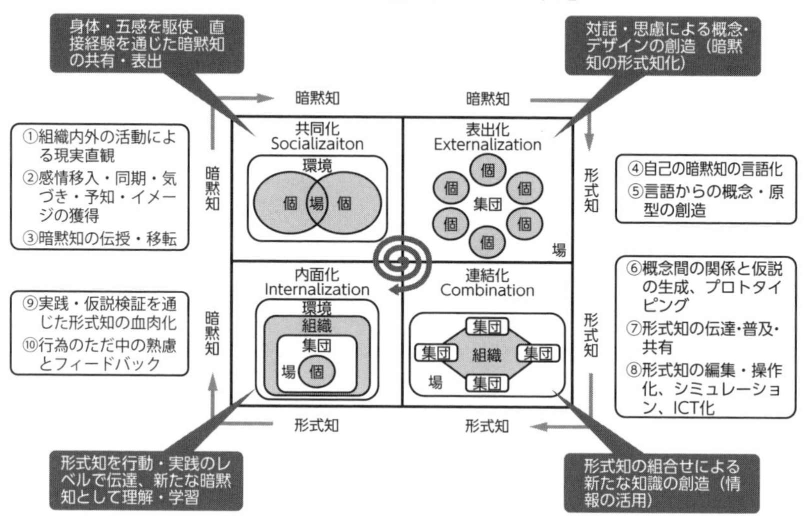

出所: 野中郁次郎・紺野登『知識創造経営のプリンシパル―賢慮資本主義の実践論―』の図２－５

表出化は「暗黙知から形式知を得る言語化のプロセス」を、連結化は「形式知から形式知を得る個人知を組織知にするプロセス」を、内面化は「形式知から暗黙知を得る組織知の実践プロセス」をそれぞれ示しています。「共同化」は頭でなく身体で知覚するプロセスで、「表出化」は身体で知覚した暗黙知を他者との対話を通じて言語化するプロセスです。「連結化」は言語化されたアイデアを体系化した組織知にするプロセスであり、「内面化」は組織知の実践を通じて、新たな現場の暗黙知を得るプロセスという流れです。

このような知識創造プロセスを実現する組織構造として、官僚的な組織構造とタスクフォース（特別部隊）をダイナミックに統合した組織を検討することが大切です。官僚的な組織構造は、連結化と内面化を通じて新しい知識を効率的に活用するには適しているが、共同化と表出化を通じて新しい知識を創造することは難しいとされているからです。「知の深化」が得意な官僚的な組織構造に、タスクフォースを加えることで共同化と表出化が進み「知の探索」が可能になるのです。タスクフォースが個人の「暗黙知」から組織の「暗黙知」を生み、組織の「形式知」に変換する知識創造の場を与えてく

図表４－６　自治体組織改革の方向性

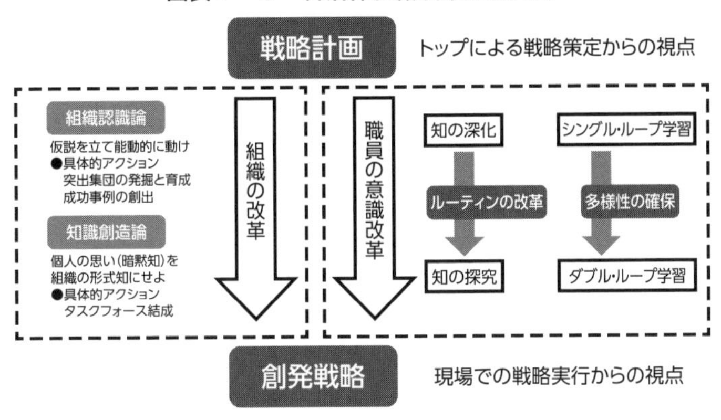

れるからです。

以上の内容をまとめると、**図表４－６**のようになります。次節では、上述の経営理論に基づき、自治体の行政組織にロジックモデルをどのように導入すればよいのかについて解説します。

3　ロジックモデル導入の実践

最初に断っておきますが、すべての自治体に通用するロジックモデル導入のノウハウはありません。ロジックモデルの導入は、それを拒む組織の慣行に対する挑戦と言っても過言ではないからです。**図表４－６**のように、組織改革と職員の意識改革を同時に起こし、戦略計画から創発戦略への転換を図るには、突出集団の発掘と育成を行い、成功事例を創出することが重要です。

（1）全庁的導入のケース

全庁的導入のケースは、首長がトップダウンで推進していくことを想起されるかもしれません。しかし、トップダウンによる階級組織を通じた制度的なアプローチだけでは限界があります。それでは職員の意識改革が伴わず、形式的な導入に終わってしまうことが多いからです。**図表４－７**は、全庁導

図表4－7　全庁的導入のケースの見取り図

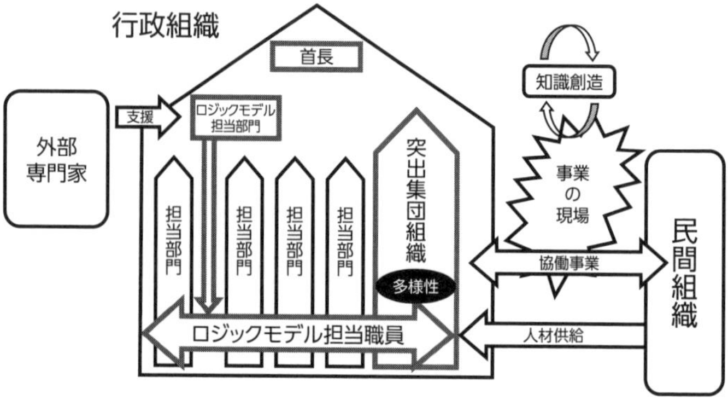

入のケースの見取り図を図式化したものです。創発戦略への転換には、現場の知識を最大限に活かせる多様性を持った突出集団が欠かせません。野中のいうタスクフォース的な組織です。ロジックモデルを担当する部門のスタッフは、この突出集団が成功事例を創出できる環境を整えると同時に、外部の専門家の支援を得ながら、ロジックモデル担当職員の育成をし、全庁的な普及を推進していきます。「解凍―移行―再凍結」という３段階のプロセスの解凍から一歩ずつ、移行に向けた活動を進めていくのです。

①　首長や上司をどのように説得するのか

全庁的なロジックモデルの導入には、首長の承認と支援が不可欠です。首長にロジックモデルのファンになってもらう必要があります。そのためには、ロジックモデルの導入は、政策を実現するための手段であることを忘れてはいけません。ロジックモデルを活用して、首長が重要と考えている課題に取り組むのです。ロジックモデルを売り込む**プロダクトアウト（製品志向）**ではなく、ロジックモデルの有用性を認めてもらう**マーケットイン（顧客志向）**の発想が求められるのです。

ロジックモデル導入の取り組みを、筆者はコウノトリに関連する分野から始めました。市長がコウノトリの野生復帰から始まった環境への取り組みの中心人物で、環境をよくすることで経済をよくしていくという政策を推進していたからです。

あなたがロジックモデルを庁内で導入したいとしましょう。そうであれば首長がいままで解決できていない課題について、その課題が解決した将来の状態を明確にし、その将来を実現するために、どんな手段が必要かを整理することから始めるのです。ここで重要なことは、この問題解決のために、突出集団の形成を試みることです。庁内でこの課題に取り組む、やる気のある職員や、ロジックモデルに興味を持っている職員が必要です。庁内の交渉に長けている職員も必要だし、庁外とのパイプがある職員も必要になります。ロジックモデルを作るワークシップには、課題に取り組む庁内の職員だけでなく、現場で課題に取り組んでいる人材や課題の解決に取り組みたいと考えている人材が必要だからです。課題解決に真剣に取り組む多様な人材を集めるのです。さらに、外部の優秀なファシリテーターにワークショップをお願いしましょう。職員がファシリテーターをした場合、ワークショップが行政に対する陳情の場になってしまう可能性があるからです。

筆者が最初に行ったワークショップには、やる気のある関連部門の職員と、熱意のある企業人がボランティアで参加してくれました。効果的なワークショップを実現するため、政策評価分野で活躍されている専門家にも協力をお願いしました。参加者へのアンケート調査の結果、庁内外の参加者とともに、課題とその解決方法について新たな学びを経験できただけでなく、もっと市民と協働して主要政策を検討すべきだという意見が強いことが確認できました。このロジックモデルを活用したワークショップの実施により、環境をよくすることで経済もよくしていくという取り組みが、市民や民間企業と協働で推進できるという確信につながったのです。

この取り組みを後押しするために、市長に環境経済戦略を全庁的に推進する新組織を立ち上げてもらいました。この組織が中心となり、環境経済戦略を推進するために、市役所として公式にロジックモデルの検討を始めることができました。その結果、市民エコポイント、企業エコポイント、太陽光発電事業、環境経済推進型企業認定など、市民、企業を巻き込んだ事業が生まれてきたのです。

特に重要なのは、政策評価の専門家の協力です。ロジックモデルを活用した政策評価は、事務事業評価のような先行事例がほとんどありません。首長にロジックモデルのファンになってもらえても、ロジックモデルを活用した新しい政策評価を推進していくためには、専門家の知識が不可欠です。職員1人の意見だけでは首長に納得してもらえないケースも発生するでしょう。そんなときに、多くの経験に基づく知識のある専門家の意見が貴重なのです。

ロジックモデルは、地域の課題を解決するための手段でしかありません。①首長が解決したい課題に集中し、②その課題解決に一緒に取り組んでくれる最善の人材に協力をお願いし、③専門家の力も借りながら、④成功事例を示すことにより、ロジックモデルが地域の課題解決に有効であることを首長に示すのです。最初は、小さな成功事例でよいのです。**少しずつ大きな輪にしていく**という発想が必要です。

② 導入に必要な予算をどのように確保するのか

財政課は、予算査定というプロセスを通じて、自治体の経営を統制している組織ですから、ロジックモデルに反対されると大変です。首長へのアプローチと同時に、財政課にもロジックモデルのメリットをマーケットインの発想で日ごろから伝えておくことが大切となります。たとえば、事務事業評価を導入している自治体では、財政課が期待していた予算削減効果を実現できなくなっているケースがあるのではないでしょうか。さらに、事務事業評価に対しては職員の疲労感・やらされ感が強くなってきています。そこで、事務事業評価に代わる新しい政策評価の手法として、ロジックモデルを活用するのです。そうすれば、事務事業評価に費やしていた内部評価や外部評価の予算と職員の労力を削減でき、その代替案としてロジックモデルの導入に対する予算化が可能になるはずです。ロジックモデル導入の予算のほとんどは、ロジックモデルの研修に費やす人材開発の費用で、庁内でロジックモデルの普及を推進するためのコストです。

ロジックモデルを予算査定にも導入することで、成果志向の予算編成をすることも可能です。査定は、従来のように個々の事務事業の詳細レビューではなく、戦略が目的達成に有効な手段であるかどうかを主眼に実施するのです。策定されたロジックモデルの各手段に基づき、すべての事務事業をゼロベースで見直し、全体的な経費削減をしながら、戦略的に成果を追求するメリハリのある予算編成が可能になります。ただ、政策が部門を越えた活動を求められる時は、部門を越えた事業活動や予算の統制も発生しますので、注意が必要です。

このように試行的な取り組みには、成功事例の創出を目的とする突出集団に取り組んでもらうことが肝要です。やる気のある集団でないと、うまくいかない理由を聞くだけに終わるかもしれないからです。

③ 関係課をどのように巻き込むのか

新しいことを進めるには、庁内でできるだけ多くの支持を集めることが重要になります。特に、他自治体で行われ先行モデルのある事務事業評価と違って、ロジックモデルの導入には試行錯誤が必要です。そのため、100％制度設計ができていなくても、改善・改革に向かって一歩ずつ進めるべきであるというトップのコミットメントが求められます。そこで、首長や経営トップ層にはできるだけ研修に参加してもらい、ロジックモデルの重要性を参加している職員に訴えてもらいます。また同時に、取り組みの動向を首長に報告し、首長の方針も確認しながら、関連部門の部長の協力を求めていくのです。

組織の中での抵抗を和らげ、支持者を増やすために、幹部研修を実施することも重要です。専門家の講義を聴く研修に加えて、できればオン・ザ・ジョブ研修も検討してみてください。たとえば、年に１度、それぞれの部長からロジックモデルに基づき、部門のマネジメント目標と達成度、今後の部の政策課題などについて発表してもらう会議を設定するのです。ロジックモデルについて聴講するだけでなく、自ら作成することで、それぞれの部で実施している政策の目的・手段について整理することができ、部長の思いを語ってもらういい機会になります。首長の前で発表し、発表内容が公表されることになれば、部長も真剣にロジックモデルを学ばなくてはいけなくなるからです。

ロジックモデル策定担当職員は、新しいプロジェクトに積極的に取り組める若手の職員を起用することが肝要です。選出にあたり、それぞれの組織の代表として参加してもらうというより、新しい経営改革に一緒に取り組むチームづくりという発想が重要です。参加する職員にとって新たな仕事の負荷ではなく、地域の課題解決に一緒に取り組むチームへの参加と考えてもらえるようにするのです。研修の後の懇親会や1泊2日の研修を行うことで、選出されたメンバーの連帯感が生まれます。通常業務から離れ、日常とはまったく違った場を設定するのです。そうすることで既存のルーティンではなく、新しいルーティンの中で知の探索が可能になるのです。

④ すべての事業にロジックモデルを作る必要があるのか

結論から言えば、すべての事業でロジックモデルを作る必要はありません。すべての事業でロジックモデルを作ろうとすると、既存の計画等との整合性や他部門との調整が大きな負担になるからです。

ロジックモデルを作る際、既存の計画がある場合は、その存在が障害となる可能性があります。行政が策定した計画は、計画そのものが関係者との合意形成として使われており、自治体として公表したものなので、簡単に変更はできません。その場合は、既存の計画との整合性は考えないようにしてください。既存の計画はいったん横に置いて、ロジックモデルを策定するのです。ロジックモデルを作成することにより、政策の目的・手段や原因・結果の関係が可視化でき、気づきや学習効果が得られます。ロジックモデルは、その時点での仮説であり、実行後、問題があれば、変更することを前提としています。これが、事前に意思決定を伴う計画と、仮説に基づき試行錯誤が可能なロジックモデルの違いです。

重要なことは、自分の担当する事業で、目的が明確でないと感じる事業について、ロジックモデルを考えてみることです。小さな事業でも、事業全体を見直したいと考える担当職員は、その事業の最終目的が何かを考え、その目的を達成するにはどのような手段が必要かを考えていけば、ロジックモデルが明確になります。そして、予算査定や重要政策ヒアリング等でロジックモデルを活用してみるのです。たとえば、図書館の担当として、いまの事務事業に矛盾を感じるなら、将来図書館はどのような存在であるべきか、そのような存在であるためには何が求められるのか、目的を明確にし、そのための手段を考えてみるのです。そうすれば、いまどのような事業が必要なのか見えるようになってきます。

⑤ マニュアルや説明会だけで学べるのか

ロジックモデルの策定や協働型ワークショップのファシリテーションは、マニュアルや説明会で理論を聴いたからと言ってすぐにできるものではありません。マニュアルや説明会で学べるのは、野中の指摘した形式知です。座学で理解し、自分でほかのメンバーと実践してみて、その背後にある暗黙知の本質と課題がわかってくるのです。

特に、行政職員には、官僚制、計画行政、予算制度といったシステムで培ってきた暗黙知があります。この暗黙知がロジックモデルを策定するときの障害になります。たとえば、体系図型のロジックモデルは、上位の目的、戦略目的を設定した後、戦略目的を達成する手段を考える、上から下への展開を検討します。しかし、多くの職員は、現在行っているすべての事務事業を手段に取り込もうと、下から上へ考える志向があります。総合計画が**行政の無謬性**を前提とした、既存の事業をすべて取り込む総花的な計画となるのと同じで、職員の中に既存の事業を守りたいという意識が出てくるのです。これでは、戦略を考えるのではなく、現在の事務事業を正当化するためのロジックモデル（体系図）の策定となってしまいます。

戦略目的達成のための手段の選択肢が、総合計画によくある分類になってしまう事態も発生します。たとえば、「観光客の増加」が戦略目的のときは、「発地別の観光客の増加」が主要手段として提示されることがあります。海外と日本のように地域差が大きく、活動の質が違うものが求められる場合は、分類に価値があるケースもあります。しかし、どこの地域を攻めるかが戦略の１つであるのに、地域に分類されただけの手段では、新たな戦略の打ち手が創出できないのです。

⑥ どのような研修をすればよいのか

ロジックモデルを習得し、庁内でロジックモデルの普及を担当する、協働促進役の研修が重要となります。一足飛びにロジックモデル策定の講義だけの研修を行うのではなく、講義、ワークショップによる課題の抽出、振り返りによる疑問の解決、ワークショップによる課題の抽出というサイクルを繰り返し行うことで、一歩ずつ理解を深めていくよう工夫することが肝要です。

また、外部の専門家の支援も得て集中的に学ぶことが重要です。内容としては、公共経営、評価、社会調査などに関する基礎理論とともに、参加型評価に必要なファシリテーション技法についても学びます。ロジックモデルの作成を行う演習時間を多く確保し、ファシリテーションの演習を行い、グループでロジックモデルの作成経験を積みながら、ファシリテーターとしての技能を高めていくのです。

こうして研修で演習を重ねていくうちに、これらの基礎知識や技能の向上に加えて、研修受講者の評価そのものに対する理解も変化します。研修生の間に、**総括的評価**（最終成果の評価）だけが評価ではなく、**形成的評価**（政策実施途中における評価）いう改善志向の評価もあるという驚きと、それへの期待感が生まれます。地域の課題解決や自治体がめざす目標達成のために奔走している現場職員たちは、必要だと感じていたものを形成的評価の中に発見して驚き、改善志向の理論に対する期待が次第に高まっていくのです。研修を受講した職員の中には、受講前の評価に対する消極的な態度が一変する職員も出ます。これが「創発戦略」の感覚を獲得した瞬間なのです。地域をよくしたいという志のある職員が、現場で執行をしながら、戦略を形成していくという道が拓かれていくのです。

専門家との関係が確立されることによって、個別の評価課題を積極的に専門家に相談するケースも出てきます。なおこの研修とは別に、**社会調査**の基礎知識に加え、アンケート調査の作成に求められる新規質問文の作成や収集したデータを分析するための**統計分析**の研修等も、必要に応じて実施するとよいでしょう。第４章のケーススタディー＃４で示されているように、設定した政策への戦略の有効性を確認するために社会調査が必要な場合があります。この調査は外部に委託することもできますが、職員がアンケート調査方法や統計データ分析方法を習得することで、現場の実態に即した調査と分析が可能となります。

（真野）

（2）職場単位の導入のケース

行政は公共の福祉、すなわち人々の幸せを目指すことを使命とし、多くの社会的な課題の解決に取り組んでいます。社会的課題とは多種多様な問題が絡み合った複雑なもので、原因（問題）の特定は難しく、多額の財源が投入されれば解決できるという単純なものはほとんどありません。課題解決においては、複数の組織や個人がそれぞれの切り口で介入するため、さまざまな矛盾やジレンマが生じ、課題解決は長い時間を要するようになります。

社会的課題の解決に向けて、行政は法令や条例等を根拠にし、取り組みの考え方や中長期的な方向性を示す行政計画を策定します。しかし、計画に明記されるめざす姿はどうしても抽象的な表記になりがちで、めざす姿を実現させる具体策は、現在すでに実施している事業のセットのような、網羅的なものにとどまる傾向にあります。すでに実施している取り組みよりもっと効果的な取り組みや方法があったとしても、財政的担保がとれていない限り、行政計画に位置づけることは事実上不可能です。このような行政特有の制約の中、正解のない社会的課題にチャレンジしていく上で、より能動的に効果的な取り組みを創出できるマネジメントの方法の１つとして、ロジックモデルの導入が効果的です。

ロジックモデルの策定において、最も重要なのは**アウトカム**を決めることと、それを下支えする**複数の戦略オプション**を持つことです。市政・県政の方針、法令、条例に基づき、ビジョンや理念を実際の行政活動に翻訳して施策を導く行政計画は、今後の方向性や現在の取り組みをつまびらかにすることはできますが、未来志向のすぐれた取り組みを生み出す装置にはなっていません。

ロジックモデルの素晴らしさは、アウトカムを掲げていま以上の成果を希求していく作戦書として、アウトカム達成に必要な活動のセットが論理的に記述されるところです。法令等の枠組みにとらわれない施策において、担当者が自由に設計でき、創発的で有効な手段を講じることができるのです。

以下では、筆者が実際に関わった、発達支援施策のロジックモデルと、ワーク・ライフ・バランス施策のロジックモデルの導入過程を通じて、職場単位でロジックモデルを導入する際のノウハウや要点を解説します。

① 首長や上司をどのように説得するのか

最近「ロジックモデル」が少しずつ知られるようになっていますが、まだまだ庁内で「ロジックモデル」という言葉すら知られていない自治体も少なくないのではないでしょうか。そのようなとき、いきなり首長や上司にロジックモデル導入の必要性を熱く説いてみてもうまくいきません。まずはロジックモデルそのものを多くの職員に知ってもらう必要があります。たとえば、庁内に若手職員によるプロジェクトがあれば、そこに参加し、ロジックモデルを使った政策マネジメントを紹介してみるのもよいでしょう。あるいは、管理職が一堂に集まる部課長会議などで報告させてもらうという方法もあります。こうした地道な取り組みを積み重ねていくと、首長や上司から熱意を買ってもらえることがあります。筆者は係長であったころ、上記のとおり種々の機会をとらえてできる限り職員にロジックモデルを知ってもらうように努めた結果、思いもかけず当時の市長から呼ばれ、「ロジックモデルを使ったマネジメントは素晴らしい。実現に向けて努力しなさい」と直接励ましの言葉をもらうことができました。

しかし、実際に発達支援施策のロジックモデルに取り組むことができたのは、筆者が課長になってからのことです。すぐにはロジックモデルが導入できなくても、そこですんなり諦めないことです。筆者は、係長時代から自分より2階級上の当時の上司（次長）に常々ロジックモデルを導入したいと伝えていました。幸いにも、自分が課長職になったとき、その上司が直属の上司となりました。その上司はかつて行政評価を所管する課長を務めた経験があり、またロジックモデルに対する見識が高かったこともあり、ロジックモデルの導入段階において幾重もの支援が得られました。

とは言うものの、ロジックモデルを導入する際には、やはり首長の理解を得ておきたいものです。そこで、首長に対してロジックモデルの導入意義を説く必要があります。

筆者の場合、直属の上司とともに市長への最初の説明を行いました。そして、発達支援施策の推進にあたり、当時全国的にも珍しいロジックモデルを使った政策マネジメントを導入したいことや、ロジックモデルの作成にあたっては大学から全面的な協力があることを伝えました。

外部の有識者から、首長に対してロジックモデルの導入意義を直接説いてもらうことも有効です。外部の有識者が、庁内職員を対象としたロジックモデルの研修初日に講師として来庁する機会を活かして、首長へ表敬訪問をしてもらうこともよい方法です。そして、首長に対して、「市民や関係者とロジックモデルを策定することは全国的にもきわめて稀であり、市民協働を重視する首長の施政方針に大きな意義がある」などと説明してもらうとよいでしょう。

習志野市では毎月1回程度、管理職が集まる部課長会議を開催しており、発表後に市長からコメントがあります。筆者は全庁的な周知啓発として、数回にわたりこの部課長会議でロジックモデルの発表を行いました。ちなみに筆者がかつて若手職員のプロジェクトメンバーだったときに励ましてくださった荒木勇市長から、次の新しい宮本泰介市長に代わり、現在に至っていますが、宮本市長は筆者の発表へのコメントとして、既にロジックモデルを導入している他市の状況を踏まえ、全管理職を前にして筆者の発表に協力的な講評をしてくれました。

ロジックモデルの理論的背景がどんなに素晴らしいものでも、組織としては実行可能性の観点から、慎重に現実的な運用を検証していくものです。信頼できる有識者チームからの全面的な支援、既に導入済みの事例に関する情報及び経験者から得られる的確なアドバイス等、支援のチャンネルが豊富にあることをアピールできるよう、しっかりと準備しておく必要があります。

ロジックモデルの導入といった未知の提案に対して、たいていの職員は不安や戸惑いを覚えるものです。ですが、少数ながらも、興味を持ってくれる職員もいるはずです。日ごろから真摯に仕事に向き合い取り組んでいれば、自分の話に耳を傾けてくれる人が必ずいます。そう確信しながら、まずは勇気を振り絞り、第一声を上げることが重要です。

② 導入に必要な予算をどのように確保するのか

ロジックモデルの導入予算としては、研修やワークショップ等の講師謝礼や打ち合わせを行うための旅費などが必要です。したがって、当初予算編成時点から財政課にロジックモデルの導入を説明し、予算化すべきです。ですが、筆者が管理職として最初に異動した部署では、当然のごとく、ロジックモデル導入の予算措置はなされていませんでした。

そのような場合、国の助成制度を効果的に活用するとよいでしょう。筆者が活用した制度は「発達障害者支援開発事業（発達障害者等支援都市システム事業）」です。これは先駆的な発達障害者支援の取り組みをモデル的に実践し、その分析・検証を通じて有効な支援手法を開発・確立するものです。直属の上司からの勧めもあり、またロジックモデルに対する認知度を高めることにもつながると考えたため、当該事業に応募しました。この事業の応募にあたっては、市の発達支援施策の運営方針と、それを実現するロジックモデルの考え方や策定過程を詳細に報告した結果、国のモデル事業に選定され、「絆とやさしさでつながる『発達支援 習志野方式』」として全国に発信しました。この「発達支援　習志野方式」という名称は、宮本市長が命名したものです。このように市長の意見を取り入れ、シティセールスを視野に入れながら進めるのは、庁内の理解を得る上で有効です。

また、ロジックモデルは一度作成したらそれで終わりではありません。ロジックモデルはあくまで仮説ですから、施策や事業を実施してみて、仮説どおりに首尾よく成果が現れたかどうかを検証する必要があります。そこで、ロジックモデルを策定した時点（施策・事業の実施前の状況）と、取り組み後の状況を指標データに基づき比較できるようにしておくことが重要です。このように施策目的の達成状況を定期的にモニタリングするためには、指標データを収集調査しておかねばなりませんが、これには一定の予算措置が必要となります。

筆者は2014（平成26）年度に男女共同参画センターに異動したのですが、着任早々、庁内職員や市民・関係者とワーク・ライフ・バランス施策のロジックモデル策定に着手しました。その後、2015（平成27）年度にはロジックモデルによる戦略作戦開始「前」に実施する**「ベースライン調査」**を行う必要性に迫られました。

ちょうどそのころ、国の地方創生関連の交付金の1つに、アウトカムを設定しPDCAサイクルを回す政策マネジメント推進に助成を行う事業の募集がありました。前述の上司の勧めで、発達支援施策とワーク・ライフ・バランス施策に関するベースライン調査を申請することになり、最終的に市長、副市長、関係部署からの了解が得られ、国の助成も決定しました。

このように、国の交付金等の活用を見据え、予算要求を念頭にスケジュールを設定しておくと、首長や関係部署への説明等が円滑に行えます。

③ 関係課をどのように巻き込むのか

施策は、事業と違い、複数の部署が関係していることが少なくありません。ですから、施策のロジックモデルを作成する場合には、施策の主管課だけでなく、関係課も含めて、その過程に参画してもらうことがカギとなります。

発達支援施策、ワーク・ライフ・バランス施策のどちらも、複数の課が関わっていることから、係長級職員をメンバーとするワーキンググループに加えて、係長級が協議した内容を踏まえて課長級が方向性を決める会議を設置しました。それ以外にも、条例や要綱に基づく審議会等で議論したりもしました。

課長級の庁内会議のメンバーにロジックモデルの趣旨説明を行った後、有識者による研修にも参加してもらいました。しかし、1回の講義で理解を得るのが難しい場合は、事務局がいろいろな場で繰り返し説明するようにしましょう。

④ すべての事業にロジックモデルを作る必要があるのか

ロジックモデルは、法令等に基づき一定のルールの中で粛々と進めるルーチンのような事業にはあまり適していません。ロジックモデルに適した事業としては、次のようなものが挙げられます。したがって、ロジックモデルはこれらの事業を対象に作成するとよいでしょう。

・人々の意識の変容を促す分野で、目に見える効果をとらえにくい事業（男女共同参画、国際交流事業等）

・多様で広範囲な社会活動にわたるもので庁内の関係部署や関係者、市民等、多数の人が課題解決を図っていく必要のある事業（ソーシャルインクルージョンを推進する障害福祉分野の取り組み、生活困窮者施策等）
・取り組みの自由度が高く当該事業の担当者や市民・関係者の自律性が重んじられ、創発的でインパクトのある取り組みが期待できる事業（産業振興、防犯防災対策、生涯学習施策等）

⑤ マニュアルや説明会だけで学べるのか

ロジックモデル作成のためのマニュアルや説明会によって、ロジックモデルに関する知識をある程度学ぶことはできます。しかし、ロジックモデルを作成できるようになるためには、テクニカルな知識やノウハウを学習するだけでなく、試行錯誤しながらでもよいので実際にロジックモデルを作ってみるのが一番です。つまり、「**習うより慣れろ**」です。悩んで勉強して足踏みしているより、未熟であっても、まずは作ってみるという行動力が必要です。

ロジックモデルの作成において、最も重要な点は**アウトカム（めざす状態）**をできるかぎり明らかにすることです。市民や関係者と議論を重ねていくと、当初は抽象的な表現であったアウトカムが徐々に具体的な内容へと変化していくことでしょう。これは、課題に対する洞察が深くなるほど、アウトカムを達成するまでの過程に対するイメージが膨らみ、アウトカムそのものが変化していくからです（**図表４－８**）。アウトカムの検討にあたっては、多様な観点から課題をとらえ直し、先を急がず腰を据えて市民や関係者との対話を深めることが肝要です。

ロジックモデルはアウトカムの設定次第で、下位の論理構造も大きく変わります。政策論議を重ね、何度も見返し、考え、練り上げることで、優れた戦略構造を作っていくことが重要です。

ロジックモデルは一度策定したらそれで終わりではなく、**策定後の推進体制**も考えておく必要があります。課題に関わっている組織が多くなればなるほど、目指す方向が乖離しやすくなるので、関係課の職員を交えて価値観の共有を図ったり、士気を高める環境を適宜作ることが大切です。

図表4－8　ロジックモデル策定過程における政策論議の変遷

アウトカムをめぐる議論は、ワーク・ライフ・バランスに対する発想の転換を促す。

時点	中間アウトカム	ワーク・ライフ・バランスに対する意識	アウトカムの対象は誰か
ワークショップ(2015年1月)	過労働の縮小	過労働は経営側、管理職側のマネジメントの仕方の問題だ。	事業所
途中(2015年春～夏)	1．長時間労働がない事業所が増える。(庁内担当者会議)	↓	事業所
	2．家庭生活や地域・社会活動を大切にする人や事業所が増える。(男女共同参画審議会等)	仕事以外の時間の充実こそがワーク・ライフ・バランスだ。	事業所と人
ほぼ完成(2015年秋～)	家庭生活や職業生活、地域活動を行う従業員が多い事業所が増える。(庁内、男女共同参画審議会)	**仕事にやりがい**を見出し、**それ以外の時間も充実させる**のがワーク・ライフ・バランスだ。	事業所とそこで働く従業員

⑥ どのような研修をすればよいのか

研修の実施にあたっては、ロジックモデルに関する単発の研修やワークショップだけでなく、ロジックモデルの推進にかかる総合的なコンサルテーションが受けられる有識者とのつながりが非常に重要です。できれば、ロジックモデルの策定と推進を図る自治体側の事務局と、有識者が「チーム」となり、二人三脚で取り組みたいところです。そして、ロジックモデルの導入に関して庁内の関係課へ理解を求めたり、さまざまな障壁を乗り越えたりしていく上で、事務局の進行やロジックモデルを組織に定着させるにあたって有識者からの助言や精神的なサポートが得られる体制が不可欠です。

ロジックモデルに関する基本知識を学んだ後は、ワークショップを開催して、アウトカムやインパクトのある具体的アイディアを出し合います。ワークショップは議論を活性化し、参加者が安心して意見を出し合える調整役となる**ファシリテーター**を置くとよいでしょう。ファシリテーターについては、将来的には職員が担うことが望ましいですが、ロジックモデルに関する深い知識と豊富なファシリテーション経験が求められるため、最初のうちは有識者に依頼することも１つの方法です。

（芹澤）

ケーススタディ　＃4

ロジックモデルを活用し、エビデンスに基づく公共経営を全庁的に推進

豊岡市（兵庫県）

面積：697.55㎢　人口：79,947人

（2020年11月）

1．事務事業評価（歳出削減重視）から戦略的政策評価（成果重視）へ

豊岡市は、2012（平成24）年度より、行政評価の手法を事務事業評価から「戦略的政策評価」へ変更しました。事務事業評価が、5年間の実施期間を経て、導入当初に期待した削減効果がなくなり、職員の負担感が強くなっていたからです。この変更の目的は、トップダウンで歳出の削減をするための評価から、ボトムアップで現場が成果の実現をするための評価への転換でした。

この変更を推進したのは、民間企業から公募で選ばれた副市長でした。副市長は当時在籍していた明治大学大学院ガバナンス研究科の教員の支援を得ながら、新しい評価方法である戦略的政策評価の導入を推進したのです。戦略的政策評価では、事務事業評価のようにすべての事務事業の評価をするのではなく、地域の重要課題にしっかりした結果を出すためにダイナミックな対応ができる重要政策だけを評価対象に選定しました。当初は戦略的に成果を出さなければならない政策に焦点をあてることで、確実に成果に結びつけることを目的にしていたのです。

2．戦略的政策評価で使われるロジックモデル

戦略的政策評価は、協働型（参加型）プログラム評価の手法を取り入れた行政評価方式です。「プログラム評価」は、政策作成者が、特定のアウトカムを達成するために、プログラムや政策の改善に貢献する手段として活用する評価手法です。プログラム評価において、改善すべき政策とは戦略目的達成のための政策体系（＝プログラム）、つまり目的―手段で構成される体系図型のロジックモデルであり、豊岡市では「戦略体系図」と呼んでいます。重要政策においては、政策の最終アウトカム（＝めざす成果）である上位目的と、上位目的の達成に向け3～4年の期間で達成すべき中間アウトカムである戦略目的を設定します。その上で、設定した戦略目的の達成に必要な手段を考え、つぎにそれらの手段を目的とし、それぞれの目的を達成するための手段を考えていきます。各階層の手段で、本当に上

図表4－9 「ワークイノベーション」戦略の戦略体系図

めざす将来像 ありたい姿に向かって、いきいきと働く女性が増えている

手段

01 働きやすい事業所が増えている（定着率の向上）
- 01 長時間労働をさせない事業所が増えている
- 02 働く時間と場所にこだわらない事業所が増えている
- 03 休むことによる生産性の向上等に取り組む事業所が増えている
- 04 育児、介護等があっても働き続けられる事業所が増えている

02 働きがいがある事業所が増えている（モチベーションの向上）
- 01 従業員が目指す姿を共有し、協力して実現しようとする事業所が増えている
- 02 期待を感じ、成長したいと思い、自ら行動する従業員が増えている
- 03 従業員の成長を支援する事業所が増えている
- 04 自分のキャリアプランを考える従業員が増えている

03 働きがいがあり、働きやすい事業所が知られている（成果の可視化）
- 01 事業所の働きがいや働きやすさを評価する仕組みが知られている
- 02 働きがいや働きやすさの評価を受ける事業所が増えている
- 03 働きがいがあり、働きやすい環境づくりに取り組む事業所が知られている

04 性別役割分担意識にとらわれない人が増えている（意識の変化）
- 01 すべての従業員が活躍する必要性を説明できる人が増えている
- 02 すべての従業員をフェアに処遇できる人が増えている
- 03 休暇取得等により育児、介護等を行う男性従業員が増えている

位の階層の目的が達成できるのか、その整合性を確認しながら、全体的に漏れがないよう体系図型のロジックモデルを組み立て、政策の理論的有効性を追求することが重要となります。

豊岡市として重要な新しい戦略を検討するときは、戦略体系図の策定を必ず行っています。2019（令和元）年には、新たに「ワークイノベーション」戦略が策定されました。市内の高校卒業後、進学のために市外に転出した若者が、就職などで地元に戻ってくる「若者回復率」が20代女性で26.7％と、同年代男性の約半分に低下し、まちの存続自体が危ぶまれてきたからです。若い女性が男性中心の社会になっている豊岡に戻り、そこで暮らす価値を感じていないことが原因であると推測されました。そこで、女性も働きやすく、働きがいを感じる事業所を増やすことを通じた職場のジェンダーギャップの解消と、これを切り口としたまち全体のジェンダーギャップの解消を目指すことになりました。この戦略の策定に活用した戦略体系図は**図表4－9**のとおりです。

豊岡市では、基本構想及び市政経営方針、地方創生総合戦略等、重要な戦略を検討するときには、戦略的政策評価の手法が採用されてきました。また、現在で

は職員が自主的に作成した内部管理的な戦略体系図もたくさん存在します。このように、豊岡市のロジックモデルは、大きな戦略から小さな局所的作戦までさまざまに活用され、豊岡市の行政活動を支えるツールになっています。

3．現場での暗黙知を取り入れる市民参加のワークショップ

豊岡市では、行政職員が利害関係者と一緒に「ワークショップ」を行うことを通じて、政策やプログラムの改善を実施しています。従来型の評価が評価結果による影響を重視しているのに対し、参加型評価は評価プロセス自体が利害関係者へ与える影響を重視した評価方法です。明治大学大学院ガバナンス研究科の教員から研修を受けた職員が、ファシリテーター（＝協働促進役）となり、市民参加のワークシップを実施します。多様なアクターが対等な立場で参加できる場を創出し、多様なアイデアや意見を得て、皆が合意する戦略体系図を策定するのです。参加型評価においては、評価プロセスを通じて、参加者の間で目的と目標の共有化が図られ、参加した多様なアクターが目標達成に向け手段を検討できるようになります。また、職員間でもワークシップを実施することが増え、従来型の会議形式では出なかった創造的な意見を引き出せるようになってきています。

4．エビデンスに基づく政策形成とPDCAマネジメント

戦略的政策評価では、戦略体系図の策定を通じて、戦略構造の論理性を理論的に事前評価する「セオリー評価」が最も重要です。なぜなら、政策の目的を明確にして、それを達成するための手段を事前に検討することで、評価の基準が明確となり、政策の品質向上に向けた持続的な活動が可能になるからです。戦略体系図を基準にして、PDCAのマネジメントを回すことができるのです。

PDCAマネジメントには、エビデンスを集めることが重要になります。行政が把握できるアウトプット指標を設定するだけでなく、設定した重要政策への戦略の有効性を確認するためのアウトカム指標などを設定し、その根拠となる統計やデータを収集するために市民を対象とした社会調査を実施しています。単発の調査ではなく、毎年1月に「政策モニタリング調査」を行っています。これらの調査結果を活用し、市民協働ワークショップを通じて、現場での戦略（政策目標達成のための具体的な行動をとるために必要な基礎情報が整えられたもの）の実行がうまく機能しているのかを評価する「プロセス評価」と、作戦そのものの改善が必要かの「セオリー評価」も行うのです。

図表４－10　戦略的政策評価の年間PDCAマネジメント・サイクル

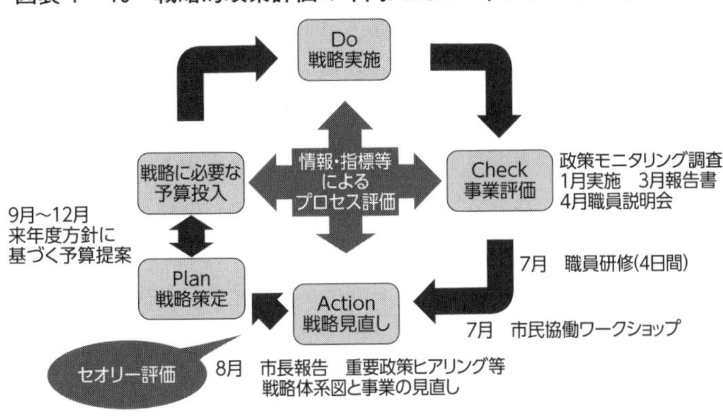

また、戦略を実行中にさまざまな予期せぬことが発生するので、その状況変化に対応した持続的な改良・改善活動を実施する必要があります。「プロセス評価」は、PDCAのCheckの段階で実施するだけでなく、日常の活動の中で行う改良・改善活動も重要となります。「セオリー評価」で戦略の大きな改善を行い、「プロセス評価」で小さな改良・改善を実施していくことで、成果の追求ができるのです。

エビデンスに基づく政策形成と、PDCAマネジメントの概要を**図表４－10**に図式化しました。エビデンスを活用し、政策の立案と執行の改善を繰り返すことにより、政策の持続的改善が可能となります。さらに、市民協働ワークショップを通じて、プロの職員と主体的な市民を育成していくことを目指しているのです。

≪コラム④≫なぜ私はロジックモデルの策定に取り組もうと思ったのか

筆者は2005（平成17）年から2006（平成18）年度の２か年にわたって通った大学院で、アウトカムの設定が可能な社会的課題において、目的と手段との論理的道筋を視認するロジックモデルを使った政策マネジメントを学びました。きたるべき地方分権時代の公共では、これまでになかった新しい価値の発見に重きをおくこと、具体的には市民や関係者と協働でロジックモデルを策定し、現場に一定の権限を与えて裁量を持たせ、インパクトのある取り組みモデルとして課題解決に向けた道筋を可視化すること、さらに各々の持つ資源やネットワーク等を活かし、改善・改革を繰り返す過程に、筆者が悩む問題へのヒントがあると直感したのです。

大学院修了後、筆者は発達支援施策と男女共同参画（ワーク・ライフ・バランス）のロジックモデルの策定に関わりました。特に発達支援施策については、発達障害の問題がクローズアップされ始めた頃で、未知の政策分野でした。筆者は庁内関係課による横断的な会議の設置に始まり、児童がライフサイクルを通じてさまざまな支援者から継続的な支援を受けられるシステム設計ならびに発達相談センター構想や施設整備に関わりました。

新しい政策分野を開拓し、それに精通すると、市民や関係者から頼りにされ、大きなやりがいを感じる反面、筆者は自分の考えが施策の方針決定に強く影響しすぎているのはないだろうかと危惧するようになりました。施策推進においてもっと新しい考え方があってもいいのではないだろうか、もしや自分がいることによって多様な意見が出にくい状況になっているのではないだろうかと考えるようになりました。

発達相談センターの開設とともに、筆者はこの政策分野において自らが果たすべき役割の大半はほぼ終えたと気持ちを切り替えました。その上で、発達支援に取り組む限られた職員や一部の保護者だけでこの課題に向き合うのではなく、より多くの市民や関係者とともに取り組む環境を作る方がより望ましいはずだと考え、市民や関係者の力を重視したロジックモデルの策定を決めました。

この政策分野にロジックモデルを導入したことは、結果として成功だったのか、もしくは失敗だったのかと考えたことはほとんどありません。なぜなら、発達支援の問題は多くの人が未知の新しい政策分野で、もっとも必要なのは多くの人を巻き込むことであり、そのためには市民協働で行うロジックモデルの策定がベターと考えるからです。

アウトカムやロジックモデルがなくても、多くの自治体はそれほど困ることはありません。わざわざアウトカムやロジックモデルを考えなくても、多くの日常業務は粛々と回るからです。人間は、未知の方法や事象に対しては、たいてい不安や危機感を覚えるものです。「成功」「失敗」という単純な図式に置き換えて、ネガティブに判断したいという心理が働く傾向があります。

しかし、市民協働を推進する自治体職員の意義、その価値を踏まえたとき、ロジックモデルの推進は重要だと決意を新たにしました。問題が起きても有識者や職場の仲間たちの励ましを糧にして「それはこのように変えていけばよい」と切り替え、深く悩まずに前進することができたのです。

公務員志望の若い学生さんが自治体職員をめざす理由として、よく「地域の人たちが抱える問題を解決したい。地域をもっとよくしたい」と述べることがありますが、筆者の思いは若い学生さんのそれに似ているように感じます。自分も若いころ、市民や関係者と一緒に地域の課題を解決していきたいという大きな理想や憧れを持っていました。そんな自分が自治体職員として経験を重ねる中で、ロジックモデルは市民協働を具現化する有効な政策策定・実行システムだという固い信念を抱くようになり、公務員を志望したときの初心に立ち返り、さまざまな問題を乗り越えられたように思います。

筆者は大学院修了後も、セミナーや研修等に参加し、継続的に学び続けました。ロジックモデルの導入を進めるとき、筆者には単なる思いつきレベルの提案だと言われないような学びの積み重ねと、恩師や仲間とのつながりを軸とする多方面からの支えがありました。市民や関係者とともに政策を進めたいという若かりしときの純粋な思いと、ワークショップ形式で市民や関係者の声を聞き、それを論理的に組み立てるロジックモデルという新しい理論に対するモチベーションは、公務員として長年培ってきた美意識と、新たな学びによる理想の実現に支えられていました。前向きに楽しく学びを積み重ね、結果として得難い有識者からの助力や、上司や仲間の力に支えられてロジックモデルの策定にこぎつけられたことは、自治体職員として非常に幸せだったと思います。

（芹澤）

◎文献ガイド

自治体政策に関連した文献は多数にのぼりますが、ここでは本書の読了後に、読者が発展的な学習につなげるための主要文献として、日本語で書かれた書籍を中心に挙げておきます（国・自治体の資料は省略）。なかには現在入手困難な文献があるかもしれませんが、その場合は大学や公共機関の図書館を利用しましょう。また雑誌論文については図書館のサービスを活用すれば入手できることがあります。

■政策評価全般

・ハリー・P・ハトリー（上野宏・上野真城子訳）『政策評価入門－結果重視の業績測定』（東洋経済新報社、2004年）
・斎藤達三『自治体政策評価演習－評価手法の習得と人材育成のすすめ』（ぎょうせい、2001年）
・佐藤徹『自治体行政と政策の優先順位づけ－“あれもこれも”から“あれかこれか”への転換』（大阪大学出版会、2009年）
・田中啓『自治体評価の戦略－有効に機能させるための16の原則』（東洋経済新報社、2014年）

■EBPM

・エステル・デュフロ、レイチェル・グレナスター、マイケル・クレーマー（小林庸平監修、石川貴之・井上領介・名取淳訳）『政策評価のための因果関係の見つけ方－ランダム化比較試験入門』（日本評論社、2019年）
・大橋弘編『EBPMの経済学－エビデンスを重視した政策立案』（東京大学出版会、2020年）
・小倉將信『EBPM（エビデンス（証拠・根拠）に基づく政策立案）とは何か－令和の新たな政策形成』（中央公論事業出版、2020年）

■ロジックモデルの実践的活用

・後房雄・藤岡喜美子『稼ぐNPO－利益をあげて社会的使命へ突き進む』（カナ

リアコミュニケーションズ、2016年）
・佐藤徹『創造型政策評価－自治体における職場議論の活性化とやりがい・達成感の実現』（公人社、2008年）

■データを用いた政策評価

・伊藤修一郎『政策リサーチ入門－仮説検証による問題解決の技法』（東京大学出版会、2011年）
・佐々木亮『政策評価トレーニング・ブック－７つの論争と７つの提案』（多賀出版、2003年）
・山田治徳『政策評価の技法』（日本評論社、2000年）

■市民参加・参加型評価

・佐藤徹『市民会議と地域創造－市民が変わり行政が変わると地域も変わる!』（ぎょうせい、2005年）
・高橋秀行・佐藤徹編『新説 市民参加（改訂版）』（公人社、2013年）
・源由理子編『参加型評価－改善と変革のための評価の実践』（晃洋書房、2016年）

■公共経営

・大坪檀・北大路信郷監修、静岡県編『県庁を変えた「新公共経営」－行政の生産性の向上を目指して』（時事通信出版局、2008年）
・田尾雅夫『公共経営論』（木鐸社、2010年）

＊ 政策評価や行政評価の専門誌として、『季刊 評価クォータリー』（行政管理研究センター）があります。ロジックモデルやEBPMに関する論文、本書の執筆者による論文も多数掲載されています。

◎執筆者紹介

○編著者

佐藤　徹（さとう　とおる）　　序章、第２章４～５、コラム②・③

高崎経済大学地域政策学部・大学院地域政策研究科教授

高崎経済大学地域科学研究所所長

大阪大学大学院国際公共政策研究科修了。博士（国際公共政策）。

豊中市政策推進部、高崎経済大学専任講師、助教授等を経て、現職。

専門分野：行政学、政策評価論、地方自治論、自治体経営論

内閣府本府政策評価有識者懇談会委員、総務省統計データ利活用の実践に係る組織体制等に関する調査研究検討会委員、総務省政策評価等研究会構成員、内閣府官民競争入札等監理委員会専門委員、群馬県行財政改革評価・推進委員会委員長、埼玉県施策評価有識者会議委員、千葉県総合計画の政策評価に関する有識者懇談会委員、岩手県政策評価委員会委員、戸田市外部評価委員会委員長、中野区外部評価委員会委員長など。総務省政策評価統一研修講師、市町村アカデミー研修講師なども務める。総務省地域力創造アドバイザー。上級評価士（日本評価学会認定）。「自治体政策経営研究会」を主宰し、全国の自治体職員とともに実践的研究や交流を重ねている。

※自治体政策経営研究会　https://tsato26.wixsite.com/policy-blog/blank

主要著作：『自治体行政と政策の優先順位づけ』（大阪大学出版会、2009年、日本地方自治研究学会賞）、『創造型政策評価』（公人社、2008年）、『市民会議と地域創造』（ぎょうせい、2005年、地域政策研究賞優秀賞）、『新説 市民参加（改訂版）』（公人社、2013年、共編著）など。

○著者

児山正史（こやま　ただし）　　第１章１～３（１）、３（３）～（７）

弘前大学人文社会科学部准教授

名古屋大学大学院法学研究科修了。博士（法学）。

弘前大学人文学部講師を経て、現職。

専門分野：行政学

主要著作：「自治体行政におけるロジックモデルの作成・活用」『評価クォータ

リー』38号、2016年など。

田中　啓（たなか　ひらき）　第１章３（２）、第２章１～３
静岡文化芸術大学文化政策学部教授
政策研究大学院大学博士後期課程単位取得退学。修士（経済学、行政学）。
三菱総合研究所主任研究員、富士通総研経済研究所主任研究員、静岡文化芸術大学文化政策学部助教授等を経て、現職。
専門分野：行政学、政策評価・行政評価、行財政改革
主要著作：『行政評価－スマート・ローカル・ガバメント』（東洋経済新報社、1999年、共著）、『公務改革の突破口－政策評価と人事行政』（東洋経済新報社、2008年、共著）、『自治体評価の戦略－有効に機能させるための16の原則』（東洋経済新報社、2014年）、『公共部門のマネジメント－合意形成をめざして』（同文館出版、2016年、共著）など。

海川能理子（うみかわ　のりこ）　第１章４～７、ケーススタディ＃１
名古屋学院大学非常勤講師、南山大学非常勤講師、名古屋大学非常勤講師
名古屋大学大学院環境学研究科博士後期課程単位取得退学。博士（環境学）。
専門分野：環境政策。行政学、政治学の視点から持続可能なまちづくりのための方法論を研究テーマとしている。
NPO法人市民フォーラム21・NPOセンターのスタッフとして、市民参加の総合計画、自治基本条例策定、協働の行政経営支援などに携わる。

林　健一（はやし　けんいち）　第３章１～４、８
中央学院大学現代教養学部教授
高崎経済大学大学院地域政策研究科博士後期課程修了。博士（地域政策学）
群馬県庁（産業経済部他）、中央学院大学社会システム研究所・准教授等を経て、現職。
専門分野：地域政策学、行政学、地方自治、政策評価
主要著作：『水循環健全化対策の基礎研究－計画・評価・協働－』（成文堂、2014年、共著）、『水循環保全再生政策の動向－利根川流域圏内における研究』（成文堂、2015年、共著）、『ラムサール条約の国内実施と地域政策－地域連携・協働による条約義務の実質化－』（成文堂、2018年、共著）など。

高橋謙輔（たかはし　けんすけ）　**第３章５～７、ケーススタディ＃２、コラム①**

北上都心開発株式会社取締役管理部長、株式会社北上オフィスプラザ監査役

岩手大学人文社会科学部卒業、早稲田大学パブリックサービス研究所招聘研究員。北上市役所では財務部財政課、企画部政策企画課、保健福祉部健康増進課などの実務を担当し、教育部長を経て財務部長で2023年退職。

主要著作：『北上市における経営改革の取組み』（総合研究開発機構、2008年）、「日本における公共経営と公会計改革の実践例（北上市）」小林麻理編著『公共経営と公会計改革』三和書籍、2013年など

真野　毅（まの　つよし）　**第４章１～３（１）、ケーススタディ＃４**

長野県立大学名誉教授、一般社団法人 Japan Innovation Network理事

University of Washington経営学修士課程修了、明治大学大学院ガバナンス研究科修了、京都産業大学マネジメント研究科博士後期課程修了。博士(マネジメント)。京セラ㈱にて、稲盛名誉会長の下で、ベンチャー投資、J/V、M&A等を通じた事業提携を推進し、米国子会社の社長として京セラの海外戦略を担当した。クアルコムジャパン株式会社代表取締役を経て、公募で豊岡市副市長に就任。行政と民間企業との協働を推進し、地場産業である鞄産業の活性化や城崎温泉のインバウンドの拡大等に取り組んだ。2018年から６年間、長野県立大学教授としてソーシャル・イノベーション分野における教育に従事したあと、現在JIN理事として、イノベーション・マネジメントシステムの普及に取り組んでいる。

主要著作：『入門 企業と社会』（中央経済社、2015年、共著）、『参加型評価―改善と変革のための評価の実践』（晃洋書房、2016年、共著）、『地域協働のマネジメント』（中央経済社、2018年、共著）、『わかりやすいイノベーション・マネジメントシステム』（日本規格協会、2024年、共著）

芹澤佐知子（せりざわ　さちこ）　**第４章３（２）、ケーススタディ＃３、コラム④**

習志野市教育委員会生涯学習部次長

明治大学大学院ガバナンス研究科修了。修士（公共政策学）。

主要著作：「習志野市における協働型プログラム評価の実践－社会的課題の解決を志向する自治体政策マネジメントの課題、可能性と展望」『評価クォータリー』38号、2016年

エビデンスに基づく自治体政策入門　ロジックモデルの作り方・活かし方

2021年（令和３年）２月22日　初版第１刷発行
2021年（令和３年）６月16日　初版第２刷発行
2022年（令和４年）３月24日　初版第３刷発行
2024年（令和６年）４月17日　初版第４刷発行

定価はカバーに表示してあります。

編著者　佐藤　徹
発行者　大田昭一
発行所　公職研
〒101-0051
東京都千代田区神田神保町２丁目20番地
TEL　03-3230-3701（代表）
03-3230-3703（編集）
FAX　03-3230-1170
振替東京　6-154568
ISBN978-4-87526-406-4 C3031　https://www.koshokuken.co.jp

落丁・乱丁は取り替え致します。PRINTED IN JAPAN　カバーデザイン：デザインオフィスあるる館
印刷：日本ハイコム㈱
ISO14001 取得工場で印刷しました。